HEALTH FOOD

Voller Energie mit einem starken Immunsystem

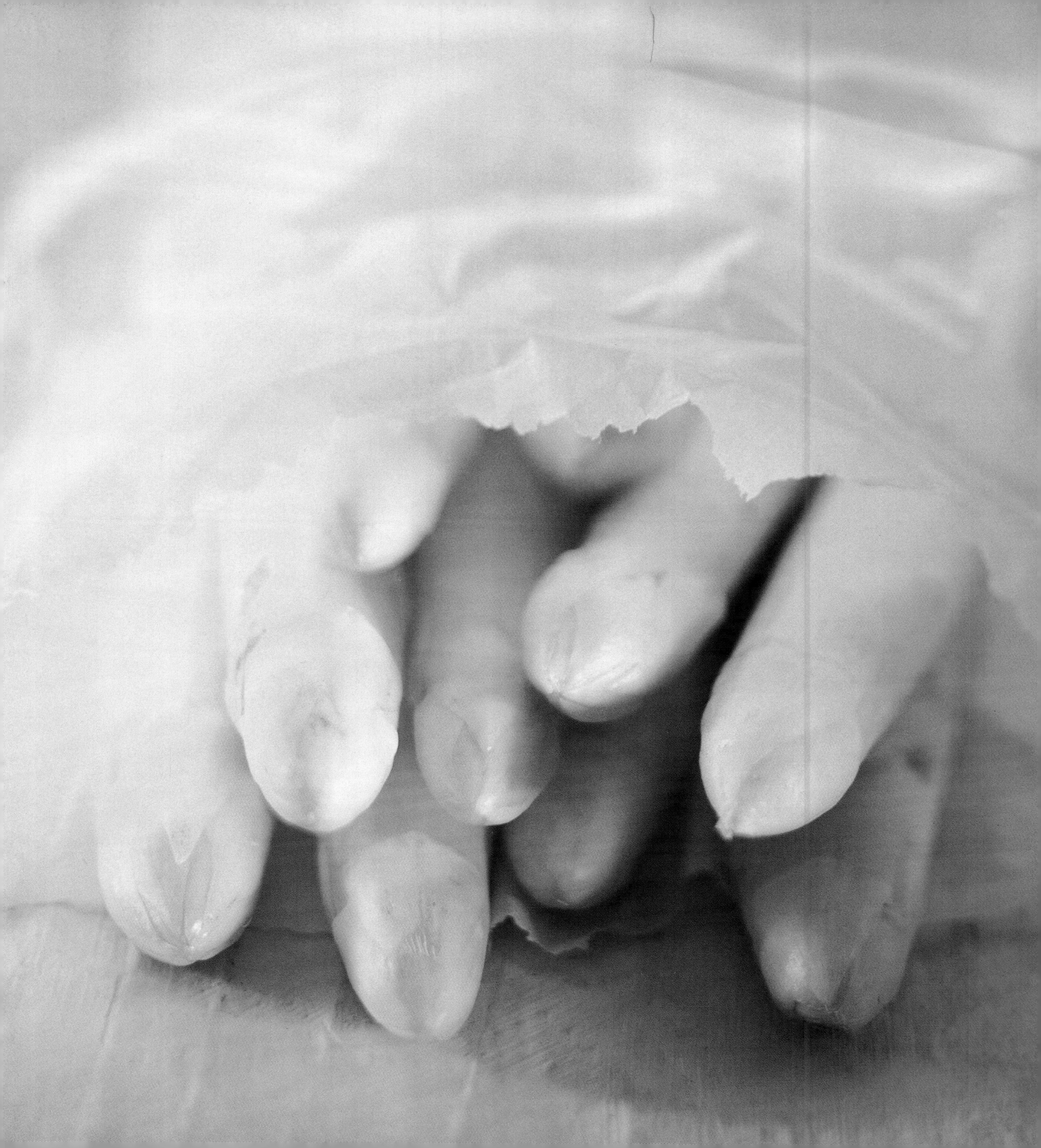

HEALTH FOOD

Voller Energie mit einem starken Immunsystem

Inhalt

Vorwort

Millionen von Mikroben attakkieren täglich die Gesundheit. Meist merken wir gar nichts davon, weil das Immunsystem den Körper vor den Angriffen schützt. Ausgeklügelte Abwehr-Strategien fangen Viren, Bakterien, Pilze und auch die hochaggressiven, zellschädigenden freien Radikale ein. Leider nimmt die Wucht der Angriffe auf unser Immunsystem zu. Schadstoffe, Streß und Salmonellen – die Zahl der Krankheitsauslöser wird jeden Tag mehr und schädigt die bröckelnde Abwehrmauer unseres Körpers. Helfen Sie dem Immunsystem, sich gegen die Invasion zu wappnen, um fit und aktiv zu bleiben. Dies gelingt am besten mit einer Ernährung, die jeden Tag Ihr Immunsystem mit einer Fülle von Vitalstoffen versorgt, die der Abwehrkraft Power geben. So beugen Sie zahlreichen Erkrankungen wirksam vor und helfen, sie schneller und besser zu überstehen. Wie sehr der Speiseplan die Gesundheit beeinflußt, zeigen immer mehr Studien: Menschen, die seltener Fleisch, aber häufiger Gemüse und Fisch essen, leben länger – und vor allem gesünder. Die darin reichlich enthaltenen Vitalstoffe kräftigen die Immunzellen des Körpers. So überstehen Sie problemlos Grippewellen, sind vor Infektionen und sogar Krebs, Herzinfarkt und Schlaganfall besser gefeit. Wie lecker eine immunstärkende Ernährung sein kann, das zeigen die raffinierten Rezepte dieses Buches. Sie verwöhnen den Gaumen mindestens genauso gut wie die Gesundheit. Denn nur, was gut schmeckt, ist auch gesund.
Wir wünschen Ihnen guten Appetit.

Friedrich Bohlmann *Cornelia Schinharl*

Gesund bleiben – die Abwehr stärken

Unser Immunsystem bringt drei bis vier Pfund auf die Waage, mehr als Herz, Leber oder Nieren. Doch weder Röntgenbild noch Ultraschall können diesen komplexen Schutzwall unseres Körpers sichtbar machen, der das Leben erst ermöglicht.

DER Mensch besitzt 100 Milliarden Immunzellen, die nichts anderes machen, als Störenfriede und Eindringlinge zu vernichten. Dazu kommen noch Trillionen von Antikörpern, die Fremdstoffe im Körper attackieren. Sie alle arbeiten im Verborgenen, und kaum einer fragt sich, wie er die faszinierende Arbeit seines Abwehrsystems unterstützen kann.

ALS produktivstes Organ des Körpers baut das Abwehrsystem jeden Tag ein halbes Pfund neue Immunstoffe auf, die ganz unterschiedliche Aufgaben übernehmen. Manche zerstören Bakterien, andere Viren, dritte reagieren nur auf ganz bestimmte Feinde und wiederum andere gehören zum Alarmkommando der Abwehr, ohne selbst den Angriff zu übernehmen. Diese Aufgabenteilung macht aus dem Immunsystem eine sehr schlagfertige Truppe, die effektiv in gut aufeinander abgestimmter Teamarbeit auf Bakterien, Pilze, Viren, Körpergifte oder Schadstoffe reagiert.

IHREN Sitz haben die meisten Immunstoffe im Lymphsystem und in den Blutbahnen. Diese beiden bilden miteinander weitläufige Kanalsysteme in unserem Körper, vergleichbar dem Straßen- und Abwassernetz einer großen Stadt. Sie ermöglichen es, schnell an alle Schadstoffe und Feinde des Körpers heranzukommen. Dabei fungieren die Immunzellen als Polizei, Feuerwehr, Kläranlage und Müllabfuhr. Sie kontrollieren, greifen an, isolieren und entsorgen alles, was nicht zum Körper gehört und ihm schaden könnte.

DIE Immunzellen erkennen körperfremde Stoffe an ihrem Aussehen, obwohl sie keine Augen haben. Doch sie besitzen genauso wie die Fremdstoffe eine äußere Hülle. Diese äußeren Hüllen sind vergleichbar mit Puzzleteilen. Wenige davon passen zusammen: Die Hüllen oder Puzzleteile der eigenen Körperzellen passen normalerweise nie ineinander. Kann jetzt also die Hülle einer Immunzelle sich mit einer anderen Hülle fest verbinden, so weiß die Immunzelle, daß sie einen Fremdkörper gefunden hat, der bekämpft werden muß.

DOCH wie können wir dann Nahrung aufnehmen, Luft holen oder an einer Blume riechen, ohne daß unser Abwehrsystem einen Fehlalarm auslöst, zum Angriff auf die fremden Stoffe startet und den Körper mit Fieber, Schnupfen oder Durchfall plagt? Ein fremdes Puzzleteil, wie der Pollen einer Blüte, kann sich nicht alleine an die Hülle einer Immunzelle heften. Erst müssen andere körpereigene Stoffe sich als weitere Puzzleteile mit dem Fremdstoff verbinden und diesen Fremdling der Immunzelle präsentieren, bevor das Abwehrsystem in Alarm versetzt wird. Nicht in jeder Zelle kann solch eine Präsentation des Fremdstoffes stattfinden, so daß nicht überall in unserem Körper Fremdstoffe eine starke Abwehrreaktion heraufbeschwören.

DIE Zellen, die der Immunzelle den Fremdkörper präsentieren, heißen Makrophagen. Sie aktivieren die Immunzellen, die sich jetzt schnell vermehren und sich einzelne Aufgaben teilen, um möglichst rasch dem Angreifer mit voller Wucht zu begegnen und ihn erfolgreich zu vernichten.

ES bilden sich Helferzellen, die den Abwehrprozeß vorantreiben und unterstützen. Außerdem wachsen Killerzellen heran, die fremde Zellen direkt angreifen und beseitigen. Ein anderer Zelltyp sind die Supressorzellen. Sie übernehmen die Aufsicht und blasen den Kampf ab, damit das Immunsystem nicht unkontrolliert um sich schlägt und damit auch den Körper selbst schädigt. Andere Immunzellen, die Plasmazellen, können ohne größeren Aufwand die eingedrungenen Feinde vernichten, indem sie kleine Abwehrmoleküle (Immunglobuline) aussenden, die sogenannte Antikörper tragen. Diese Antikörper fangen den Eindringling ab, verbinden sich fest mit ihm und machen ihn unschädlich. Fachleute bezeichnen dies als Antigen-Antikörper-Reaktion. Außerdem stellt der Körper bei einem Angriff Gedächtniszellen her. Diese merken sich die Struktur, also das Puzzlemuster, des Angreifers sehr genau. Bei einem weiteren Überfall wird das Immunsystem dann sofort tätig, ohne daß die Makrophagen den Angreifer ein zweites Mal den Immunzellen präsentieren müssen. Dies ist auch der Sinn einer Schutzimpfung. Hier wird ein Angriff im kleinen mit abgeschwächten Bakterien oder Viren durchgeführt. Der Körper bildet daraufhin Gedächtniszellen und wird bei einem »echten« Angriff sofort den Feind erkennen und gegen ihn vorgehen. Übrigens bleibt das Immungedächtnis bis ins hohe Alter wach. Kommt aber ein Mensch erst im Alter zum ersten Mal mit einem bestimmten Keim in Kontakt, so reagiert sein Immunsystem langsamer als bei jüngeren Menschen. Dadurch entwickeln sich viele Krankheiten bei älteren Menschen oft heftiger. Jeder ist eben nur so jung wie sein Immunsystem.

NEBEN den Immunzellen, die sich schnell auf den jeweiligen Angreifertyp spezialisieren und damit außerordentlich wirkungsvoll reagieren, stehen der Abwehr noch weitere Zellen zur Seite, die ganz unspezifisch angreifen. Sie verdauen eingedrungene Keime, töten virusinfizierte Zellen oder Krebszellen und fressen die mit Antikörpern besetzten Eindringlinge. Zu dieser großen Gruppe der allgemeinen Abwehrstoffe zählen auch die Makrophagen, die den Eindringling präsentieren und dadurch erst eine spezifische Abwehrreaktion einleiten. All diese Substanzen inklusive der Immunzellen gehören zu den weißen Blutkörperchen, denen damit die Hauptaufgabe zukommt, jegliche Schadstoffe aus dem Körper zu entfernen. Die Immunzellen werden im Lymphsystem, die übrigen weißen Blutkörperchen im Rückenmark gebildet.

NICHT ganz unbeteiligt an dieser Abwehr-Aufgabe sind neben den weißen Blutkörperchen allerdings auch die Haut, Schleimhäute in der Nase oder Lunge und die riesige Darmbakterienflora. Sie alle bauen eine natürliche Barriere auf, durch die ein möglicher Schadstoff hindurch oder daran vorbeikommen muß, um ins Blut, in die Lymphbahnen und dann in die inneren Organe des Menschen zu gelangen. Oftmals muß das eigentliche Immunsystem erst dann in Aktion treten, wenn diese äußeren Schutzmauern an irgendeinem Ort nicht mehr standhalten. Bestes Beispiel sind die Erkältungskrankheiten im Winter. Kälte, Wind und trockene Heizungsluft verringern die Durchblutung der Schleimhäute. Sie trocknen aus und bilden für Bakterien und Viren kaum noch eine Barriere, um in den Körper zu gelangen.

Mehr Abwehrkraft durch die richtige Ernährung

Das komplexe Abwehrsystem mit seinen vielen Aufgaben und den zahllosen unterschiedlichen Zellen und Immunstoffen kann nicht optimal funktionieren, wenn der Körper dafür nicht ständig mit der Nahrung die richtigen Aufbaustoffe in ausreichender Menge bekommt.

VIELE Vitalstoffe in unserer Ernährung greifen sich gegenseitig unter die Arme, um dem Immunsystem immer wieder neue Kraft zu geben. Deshalb kann schon der Mangel eines dieser Vitalstoffe das Immunsystem schwächen.

BESONDERS in den Entwicklungsländern fehlt es häufig sogar an den Grundnährstoffen. Die Menschen leiden unter einem Mangel an Kalorien und Eiweiß. Auf Dauer wird damit auch das Immunsystem lahmgelegt. Der Körper kann wichtige Immunzellen nicht mehr bilden, und Krankheitserregern sind Tür und Tor geöffnet. In den Industrienationen braucht niemand mehr unter einer solch schweren Mangelernährung zu leiden. Und doch schwächelt gerade bei Überernährung das Immunsystem: Die Immunzellen ziehen sich zurück, sie wirken weniger stark und übernehmen auch nicht so schnell ihre speziellen Abwehrfunktionen, wenn der Körper angegriffen wird. Vermutlich liegt es an dem vielen Fett im Blut, das die Abwehr träge macht. Die Abwehrzellen kommunizieren nicht mehr so fehlerfrei und brauchen mehr Zeit, um bei Bedarf neue Immunzellen zu bilden.

JE mehr Fett auf dem Teller, desto höher klettert in der Regel auch der Cholesteringehalt der Nahrung. Cholesterin legt aber die Freßbereitschaft bestimmter Blutkörperchen lahm und erschwert den Immunzellen, Feinde direkt anzugreifen und sie einzufangen.

Einerseits können wir also die Abwehrleistung unseres Körpers durch Mangelernährung, Übergewicht und fettes Essen schwächen. Andererseits jedoch gibt es viele Lebensmittelinhaltsstoffe, darunter Vitamine, Mineralien, Ballaststoffe, sekundäre Pflanzenstoffe und Milchsäurebakterien, die unser Immunsystem stärken und mithelfen, daß Pilze, Bakterien und Viren vor einer kräftigen Abwehr kapitulieren müssen.

Immunsystem und Nährstoffe

SCHWÄCHT DAS IMMUNSYSTEM

- Proteinmangel
- Kalorienmangel
- zu viel Fett
- Cholesterin

STÄRKT DAS IMMUNSYSTEM

- Vitamin A, Vitamin E, Vitamin C
- Selen, Eisen, Zink
- mehrfach ungesättigte Fettsäuren aus pflanzlichen Ölen
- Sekundäre Pflanzenstoffe (insb. Carotinoide, Flavonoide, Glucosinolate, Phenolsäuren, Saponine, Sulfide)
- Ballaststoffe
- Milchsäure und Milchsäurebakterien

SIE geben Ihrem Immunsystem das Beste, wenn Sie sich möglichst abwechslungsreich ernähren. Denn wenn auch nur ein Nährstoff längere Zeit fehlt, kann Ihr Körper nicht gesund bleiben – selbst bei einem noch so starken Immunsystem. Die in der Tabelle auf Seite 10 aufgeführten Nährstoffe zählen zu den bekanntesten Helfern einer müden Abwehrkraft: Wenn die triefende Nase und der rauhe Hals schon zum Alltag gehören, können diese Nährstoffe helfen, das Immunsystem wieder zu aktivieren. Nährstoffpräparate lösen das Problem nur selten. Denn ein Nährstoffmangel deutet meist darauf hin, daß die Ernährung ganz allgemein unausgewogen und mangelhaft ist. Eine Vitamintablette am Morgen ist kein Alibi für Fastfood zum Mittagessen. Oft wirken die Nährstoffe auch zusammen und unterstützen sich gegenseitig, genauso wie die einzelnen Zellen des Immunsystems nur miteinander dem Ansturm der Mikroorganismen gewachsen sind. So fördert z. B. das Vitamin C die Aufnahme von Eisen. Die Radikalfänger Beta-Carotin, Vitamin C und Vitamin E schützen sich gegenseitig. Oder Vitamin E hilft dem Körper, sparsamer mit dem recht seltenen Spurenelement Selen umzugehen. An diesen Beispielen erkennen Sie, daß eine abwechslungsreiche Ernährung die beste Gesundheitsgarantie ist. Essen Sie alles, was Ihnen schmeckt, vor allem viel Getreide, frisches Gemüse und Fisch, dafür weniger Fleisch. So erhalten Sie die Stoffe, die Ihre Abwehr stark machen. Und vergessen Sie dabei auch nicht, daß lange Lagerzeiten, Wasser, Licht und Hitze viele Vitalstoffe zunichte machen. Frische Produkte, schonend und schnell zubereitet – so kann auch Fast Food gesund sein!

Die Abwehr von außen stärken

DIESES Kochbuch wird Ihnen eine Fülle von Rezepten anbieten, mit denen Sie Ihre Abwehrkraft in Topform bringen können. Neben einer vitalstoffreichen Ernährung gibt es noch andere Faktoren, die das Immunsystem stählen. So aktiviert regelmäßige Bewegung das Immunsystem. Ihr Körper wird besser durchblutet, der Puls steigt an, und Sie atmen tiefer. Mehr Blut und mit ihm wichtige Immunzellen gelangen in die Gewebe. Immunologen stellten fest, daß bei gemäßigtem Training die Zahl der Infektionen abnimmt. Optimal ist beispielsweise für Jogger eine Gesamtstrecke von 20 bis 30 Wochenkilometer. Nur übertreiben sollten Sie es mit dem Sport nicht. Ansonsten verliert Ihr Blut zu viele weiße Blutkörperchen, und das schädigt Ihre Abwehrkraft. Ab 95 Wochenkilometern müssen Jogger sogar mit deutlich mehr Erkältungen rechnen.

NUTZEN Sie den Sport auch, um abzuschalten. Denn schädlicher Streß hemmt das Immunsystem, und es werden weniger Killerzellen gebildet. Entspannungsmethoden wie Yoga, Qigong, Tai Chi, autogenes Training, progressive Muskelrelaxation nach Jacobsen oder auch ostasiatische Kampfsportarten wie Aikido helfen, besser vor Bakterien gewappnet zu sein. Und natürlich dürfen Sie die wichtigste Entspannungsmethode nicht vernachlässigen: Ihren Schlaf. Sorgen Sie dafür, daß Ihr Bett an einem absolut ungestörten Platz steht, wo Sie und Ihre Abwehrkraft im Schlaf neue Energie tanken können. So starten Sie jeden Morgen frisch in den Tag.

Der Darm – unser größtes Immunorgan

Auf 300 Quadratmetern Grenzfläche wacht der Darm darüber, welche Stoffe aus der Nahrung ins Blut gelangen dürfen. In den vielen Falten, großen und kleinen Zotten des Darmrohres sitzen unzählige Immunzellen, die zwischen Schadstoff und Nährstoff unterscheiden müssen, um bei einem Anschlag von Bakterien, Pilzen und Viren oder Giften Alarm zu schlagen.

Schon die Magensäure tötet die meisten Keime ab, so daß viele gar nicht erst den Darm erreichen. Dort müssen sie den schnellen Wechsel vom sauren Magenmilieu zur basischen Umgebung des Darmes überstehen. Und dann stehen den Eindringlingen auch noch die darmeigenen Bakterien gegenüber, die sogenannte Darmflora. Dieser Bakterienrasen im Inneren des hinteren Dünndarms und vor allem im Dickdarm beherbergt eine Unzahl von Bakterien unterschiedlicher Art. Sie alle leben im Darm wie in einer fein aufeinander abgestimmten Gesellschaft und übernehmen zahlreiche Aufgaben: Unter anderem produzieren sie hochwirksame und spezialisierte Abwehrstoffe und verhindern damit, daß sich fremde Bakterien niederlassen und ausbreiten können. Doch eine falsche, ballaststoffarme Ernährung und einige Medikamente können diesen Bakterienschutzwall beschädigen und zum Einsturz bringen.

Barriere für Schadstoffe

Im Darm können 400 unterschiedliche Bakterienstämme zu Hause sein, meist teilen sich aber etwa 40 Bakterienarten 99 Prozent der Darmfläche. Dazu zählen Lactobazillen, Bifidobakterien, aber auch Streptokokken und Escherichia coli-Bakterien. Diese Mikroorganismen übernehmen im Darm fünf wichtige Aufgaben:

- Sie geben gesundheitsschädigenden Bakterien und Pilzen keinen Platz. Denn sie haften fest am Darmrohr und lassen keine Krankheitskeime an diese Haftstellen heran.
- Darmbakterien sind kleine Vitaminlabore. Sie stellen zum Beispiel Vitamin K und einzelne B-Vitamine her, die der Darm zum Teil aufnimmt und übers Blut den einzelnen Geweben und Organen bereitstellt.
- Darmbakterien regen das Abwehrsystem ständig dazu an, in Alarmbereitschaft zu bleiben. Damit sind die Immunzellen gut trainiert und können bei Bedarf sofort agieren.
- Darmbakterien geben auch selbst Enzyme ab und helfen, die Nahrung zu verdauen, genauso wie sie auch ihre Enzyme dazu einsetzen, Krankheitskeime zu vernichten.
- Darmbakterien hemmen Stoffe und Enzyme, die zu Darmkrebs führen können.

Ernährung, Medikamente und Lebensmittelhygiene entscheiden, wie wohl sich die natürlichen Bewohner des Darmes fühlen. Viele Antibiotika zerstören oft auch die natürlichen Bakterien im Darm. Einen Großangriff von Schadstoffen, Salmonellen oder Schimmelpilzen steht auch die beste Darmflora nicht ohne Einbußen durch. Wenn Sie viele Süßigkeiten essen, fördern Sie zudem die Vermehrung eingedrungener Fremdkeime.

Den Darm mit Bakterien impfen

Wenn der Arzt Ihnen Antibiotika verschreibt oder ein massiver Durchfall Ihren Darmbakterien zugesetzt hat, wird es Zeit, sich ein wenig mehr um die kleinen Helfer im Darm zu kümmern. Wir behandeln sie ohnehin wenig fürsorglich, essen zu viel Eiweiß und Zucker, zu wenig Ballaststoffe oder traktieren sie bei einer Verstopfung mit Abführmitteln, die erst recht die Darmschleimhaut und daran haftende Bakterien schädigen können.

Unterstützen Sie Ihren Darm dabei, die richtigen Bakterien anzusiedeln. Sogenannte probiotische Milchprodukte enthalten Milchsäurebakterien, von denen ein Teil lebend den Magensäureangriff überstehen und sich dann im Darm ansiedeln kann. Dies ist für probiotische Produkte im Labor nachgewiesen worden. Wenn sie sich im Darm niedergelassen haben, können sie dort für längere Zeit ihrer Schutzfunktion nachkommen. Probiotische Milchsäurebakterien können beispielsweise Durchfälle verhindern, eine durch Antibiotika oder Bestrahlung gestreßte Darmflora wieder aufbauen und vermutlich sogar den Cholesterinspiegel senken. Doch nicht nur die modernen probiotischen Milchprodukte helfen dem Immunsystem. Auch herkömmliche Joghurts enthalten lebende Milchsäurebakterien, wenn sie nicht wärmebehandelt sind. Wählen Sie unter den normalen Joghurts die mit einem milderen Geschmack, wie Bioghurt-Joghurts. Auch diese Bakterien unterstützen die Darmflora, nur sind sie nicht wie die probiotischen Milchsäurebakterien daraufhin getestet worden.

Doch nicht nur im Joghurt stecken Milchsäurebakterien, auch Sauerkraut und andere milchsauer eingelegte Gemüse enthalten die hilfreichen Diener für den Darm. Werden allerdings diese eingelegten Gemüse pasteurisiert oder warm auf den Tisch gebracht, sind die wertvollen Milchsäurebakterien abgetötet. Sie können dann im Darm dem Immunsystem nicht mehr helfen. Wenn Sie kaltes Sauerkraut nicht mögen, probieren Sie einmal milchsauer vergorenen Brottrunk. Er wird aus vergorenem Brot gewonnen und nicht erhitzt, so daß die natürlichen Milchsäurebakterien überleben. Mit Säften gemixt oder mit Pfeffer, Ingwer, vielleicht auch einem Schuß Tabasco geschmacklich aufgepeppt, verwandelt er sich in kleine pikante Cocktails.

Bei einer Joghurt- oder Sauerkraut-Kur sollten Sie wissen, daß die Darmbakterien sich ganz natürlich innerhalb weniger Wochen abbauen. Es nützt also nicht viel, nur für einige Tage die Bakterienflora zu düngen. Sie braucht am besten jeden Tag eine Ernährung, die ihr schmeckt. Ausreichend Milchsäureprodukte und Ballaststoffe gehören auf jeden Fall dazu.

Ballaststoffe, die Vorposten des Immunsystems

Die unverdaulichen Faser- und Quellstoffe aus Getreide, Hülsenfrüchten, Gemüse und Obst übernehmen wichtige Aufgaben, die dem Immunsystem das Leben etwas leichter machen. Vorausgesetzt Sie trinken genug, quellen die Ballaststoffe im Darm auf und regen damit die Darmwand an, den

Speisebrei schneller zu befördern. Dadurch werden Gifte und Krankheitskeime auch schneller wieder ausgeschieden und haben weniger Zeit, dem Körper zu schaden. Je stärker die Ballaststoffe aufquellen, desto höher steigen die Chancen, daß Schadstoffe gar nicht in direkten Kontakt mit dem Darmgewebe kommen, weil sie sich im Innern des aufgequollenen Nahrungsbreies befinden.

DIE Ballaststoffe wenden noch eine weitere Entgiftungsstrategie an: Sie binden sich an die Giftstoffe, blockieren dadurch deren Aufnahme ins Blut und lassen sie nicht wieder frei, so daß die Gifte ausgeschieden werden, ohne Schaden anrichten zu können. Forscher konnten diese Strategie unter anderem beim Abtransport von Gallensäuren nachweisen. Damit schützen die Ballaststoffe den Körper vor giftigen Gallensäureverbindungen, die beim Umbau der Gallensäuren entstehen. Auch stehen einige Ballaststoffe ganz oben auf der Speisekarte der Darmbakterien. Sie »düngen« die Darmflora, die dann besser überleben und sich ausbreiten kann. Auch dadurch helfen die Ballaststoffe indirekt dem Immunsystem des Darmes.

DAMIT noch nicht genug, verzehren die Ballaststoffe die von den Darmbakterien gebildeten Gase. Diese Gase dienen den Darmzellen als gute Nahrungsquelle, so daß die Zellen besser davor geschützt sind, zu Krebszellen zu entarten. Wissenschaftler wiesen nach, daß eine ballaststoffreiche Ernährung das Risiko von Dickdarmkrebs um etwa 40 Prozent senken kann. Wollen Sie Ihren Darmbakterien die Ballaststoffe schon gut vorbereitet anbieten, müssen Sie Ihr Essen sehr gut kauen. Denn je feiner die groben Ballaststoffe zerkleinert sind, desto besser kommen die mikroskopisch kleinen Bakterien damit zurecht.

Lebensmittel mit viel Ballaststoffen

Lebensmittel	Portionsgrösse	Tagesbedarf (30 g) pro Portion*
Kidneybohnen, gegart	200 g	55 %
weiße Bohnen, gegart	200 g	50 %
Erbsen, getrocknete, gegart	200 g	33 %
Vollkornnudeln, gekocht	200 g	29 %
Rosenkohl	200 g	29 %
Kichererbsen	200 g	29 %
Heidelbeeren	150 g	25 %
Himbeeren	150 g	24 %
Weizenvollkornbrot	100 g	23 %
Fenchel	200 g	21 %
Broccoli	200 g	20 %
Weißkohl	200 g	20 %
Möhren	200 g	19 %
Blumenkohl	200 g	19 %
Wirsing	200 g	19 %
Linsen, gegart	200 g	19 %
Rotkohl	200 g	17 %
Rote Bete	200 g	17 %
Weizenvollkornmehl	50 g	17 %
Weizenmischbrot	100 g	16 %
Lauch	200 g	15 %
Gemüsemais	150 g	14 %
Apfel	150 g	14 %
Roggenknäckebrot	30 g	14 %
Roggenflocken	30 g	13 %
Weizenmehl Type 405	100 g	11 %
Haferflocken	30 g	10 %
Mandeln	30 g	10 %

* prozentuale Deckung des Tagesbedarfs durch eine Portion

Drei Vitamine verbündet im Schutz gegen freie Radikale

Mit jedem Zug an einer Zigarette atmen Sie Milliarden freier Radikale ein. Jedes Sonnenbad bringt Ihnen neben der Bräune auch unzählige dieser Zellschadstoffe. Und wehe, wenn noch Smog und Ozon in der Luft liegen: Ihr Körper wird von den aggressiven freien Radikalen überflutet. Doch bevor sie Ihre Gesundheit angreifen, kann ihr Anschlag abgepuffert werden.

Freie Radikale nennt der Wissenschaftler eine Reihe von sehr reaktionsfreudigen Substanzen, die sich schnell und mit voller Wucht auf Körperzellen, Gene und beispielsweise auch auf das Cholesterin stürzen und dort Reaktionen einleiten. Neben Nikotin und UV-Strahlung, natürlichen und chemischen Giften bilden auch Arzneimittel, Lebensmittel, Alkohol und der Stoffwechsel ständig freie Radikale. Deren Reaktionen nehmen für den Menschen meist kein gutes Ende: Das von freien Radikalen angegriffene Cholesterin wird dadurch erst recht zur Gefahr für Herz und Kreislauf. Die Zellwände altern schneller und die betroffene Zelle stirbt ab. Oder es verändern sich die Gene, und die Zelle kann entarten, so daß Krebs droht. Zum Glück gibt es ein Immunsystem, das diese Schäden erkennt und abbaut. Allein wäre unsere Abwehr jedoch dem großen Bombardement der freien Radikale nicht gewachsen. Denn es kann nur die Schäden, nicht aber die freien Radikale direkt abbauen. Das wiederum schaffen Puffersubstanzen, die wie ein Schutzschild die Wucht der Radikale abfangen. An ihnen entladen sich die freien Radikale in harmlose Produkte, und die Organe und Zellen des Körpers kommen heil davon. Zu diesen Puffersubstanzen gehören zum Beispiel die Vitamine E, C und Beta-Carotin (auch Provitamin A genannt). Sie zählen zwar nicht zum Immunsystem, unterstützen es aber indirekt, indem sie Schäden verhindern, um die sich ansonsten das Immunsystem zusätzlich kümmern müßte. Wird das Immunsystem oft als Polizei oder Feuerwehr des Körpers bezeichnet, so steht den Radikalfängern sicher der Titel einer Leibgarde zu.

Übrigens werden freie Radikale auch vom körpereigenen Immunsystem genutzt: Die Freßzellen unserer Abwehr bearbeiten ein Bakterium oder ein Virus so lange mit selbst erzeugten freien Radikalen, bis es zerstört ist.

Vitamin E

Eigentlich stecken hinter dem Begriff Vitamin E mehrere Stoffe, die ähnlich aufgebaut sind. Sie sind fettlöslich und daher besonders in Pflanzenölen, aber auch in einigen Gemüse- und Obstsorten zu finden. Im Körper unterstützen sie eine Fülle von Stoffwechselwegen, doch ihre Hauptfunktion ist der Schutz vor freien Radikalen. Da das Vitamin E sich gut mit Fett verbindet, kann es auch am besten die fetthaltigen Zellwände wie ein Schutzfilm vor Angriffen bewahren. In den Zellwänden wären ansonsten vor allem die mehrfach ungesättigten Fettsäuren den freien Radikalen schutzlos ausgeliefert. Ihre chemische Struktur macht diese Fettsäuren besonders anfällig. In den Zellwänden arbeiten die ungesättigten Fettsäuren als Teil eines ausgeklügelten Pförtner- und Botensystems. Werden die empfindlichen ungesättigten Fettsäuren aufgrund eines Angriffes der freien Radikale »ranzig«, machen Pförtner und Boten Fehler. Dann gelangen Informationen, aber auch Nähr- und Abbaustoffe nicht mehr geordnet in die Zelle oder aus dieser heraus. Die Zelle wird zunehmend unbrauchbar und muß frühzeitig durch das Immunsystem abgebaut werden. Dem beugen Sie durch reichlich Vitamin E vor. Deshalb raten Ernährungswissenschaftler dazu, bei den an sich sehr gesunden mehrfach ungesättigten Fettsäuren in vielen Pflanzenölen auch auf einen hohen Vitamin-E-Gehalt zu achten. Das Vitamin E schützt diese Fettsäuren nämlich nicht nur in der Ölflasche, sondern auch im Körper vor dem »Ranzigwerden«. Außerdem verhindert Vitamin E Reaktionen der freien Radikale mit dem gefäßschädigenden LDL-Cholesterin, wodurch dieses Cholesterin nur noch stärker zu Herzinfarkt und Schlaganfall beitragen würde. Darüberhinaus gibt es deutliche Hinweise, daß Vitamin E Dickdarmkrebs und andere Krebsarten schlagfertig abwehren kann.

Das Vitamin E verhält sich gegenüber anderen wichtigen Nährstoffen außerordentlich kollegial. Schützt es doch die Vitamine A und C vor dem Abbau und unterstützt zusätzlich die Leber, mehr Vitamin A zu speichern. Selbst mit dem seltenen Spurenelement Selen kann der Körper dank Vitamin E sparsamer umgehen. Zusätzlich wirkt Vitamin E zentral auf die Immunzellen ein. Es steigert die Zahl der Immunzellen und verbessert deren Schlagkraft gegen fremde Stoffe. Damit bremst Vitamin E Entzündungsprozesse. Große Vitamin-E-Mengen helfen Rheumapatienten mit entzündeten Gelenke, die Schmerzen zu lindern.

Wer trotz der zahlreichen guten Vitamin-E-Quellen in unserer Ernährung meint, dieses Schutzvitamin in Tablettenform schlucken zu müssen, sollte wissen, daß das natürliche Vitamin wirksamer ist als das künstlich hergestellte. Denn die Natur produziert grundsätzlich die wirkungsvollste Form des Vitamins, die Pharmazie aber eine Mischung von acht extrem ähnlichen Vitaminen. Nur eines davon ist das natürliche. Die anderen sieben künstlichen Vitamin-E-Kopien bringen es allenfalls auf 21 bis 90 Prozent der biologischen Aktivität des natürlichen Vitamins. Denn der Körper bemerkt den feinen Unterschied: Lunge, Blutkörperchen und Gehirnzellen nehmen bevorzugt die natürliche Vitamin-E-Form auf.

Lebensmittel mit viel Vitamin E

Lebensmittel	Portionsgrösse	Tagesbedarf (12 mg) pro Portion*
Weizenkeimöl	10 g = 1 EL	148 %
Walnuß	30 g	109 %
Schwarzwurzel	200 g	100 %
Spargel	500 g	88 %
Mandel	30 g	68 %
Haselnuß	30 g	67 %
Pecannuß	30 g	50 %
Himbeere	150 g	50 %
Erdnuß	30 g	47 %
Paranuß	30 g	44 %
Paprika	200 g	43 %
Wirsing	200 g	42 %
Sonnenblumenöl	10 g = 1 EL	42 %
Distelöl	10 g = 1 EL	40 %
Heidelbeere	150 g	34 %

* prozentuale Deckung des Tagesbedarfs durch eine Portion
Zur Abwehrstärkung empfehlen viele Experten 12–30 mg Vitamin E.

Vitamin C

Das mit Abstand bekannteste unter den insgesamt 13 Vitaminen ist das Vitamin C. Dabei brauchen wir es nicht nötiger als alle anderen zwölf, und es herrscht auch kein besonders großer Mangel an diesem Vitamin, obwohl es zu den besonders empfindlichen gehört. Hitze, Wasser und Licht verträgt es nicht. Zum Glück steckt aber das Vitamin C in vielen Gemüse- und Obstsorten. Wer sie roh ißt oder schonend dünstet ohne zu viel Vitamin C zu verkochen, wird kaum unter einem Vitamin-C-Mangel leiden.

Dem wasserlöslichen Vitamin C wird gerne nachgesagt, besonders erfolgreich das Immunsystem zu stärken und die Gesundheit zu bewahren. Doch Vitamin C allein hilft selten; mit dem fettlöslichen Vitamin E ergänzt es sich dagegen ideal im Abwehrkampf gegen die freien Radikale. So halten sie Herz und Gefäße gesund und beugen möglicherweise auch Krebsgefahren vor. Beim Rauchen gelangen besonders viele freie Radikale in den Körper, daher brauchen Raucher mehr Vitamin C: mindestens etwa 100 Milligramm pro Tag. Sie erreichen das mit viel Gemüse und Obst ohne Probleme.

Vitamin C verhindert, daß sich aus Nitrit krebsverdächtige Nitrosamine bilden. Außerdem aktiviert Vitamin C das Immunsystem, gegen Brustkrebszellen vorzugehen. Zusätzlich schützt es den Körper vor möglichen Schäden seiner eigenen Abwehr: Die Freßzellen des Körpers bilden im Kampf gegen Bakterien und andere Eindringlinge freie Radikale, um eingefangene, fremde Zellen zu zerstören. Doch nicht immer zielen die Freßzellen mit ihren freien Radikalen genau. Diese Ausreißer fängt das Vitamin C ab, bevor sie das körpereigene Immunsystem angreifen können.

Lebensmittel mit viel Vitamin C

Lebensmittel	Portions-grösse	Tagesbedarf (75 mg*) pro Portion
schwarze Johannisbeere	150 g	378 %
Paprika	200 g	373 %
Broccoli	200 g	307 %
Rosenkohl	200 g	299 %
Grünkohl	200 g	280 %
Fenchel	200 g	248 %
Blumenkohl	200 g	184 %
Kohlrabi	200 g	168 %
Papaya	150 g	160 %
Spinat	200 g	136 %
Orangensaft, frisch gepreßt	200 g	136 %
Wirsing	200 g	133 %
Rotkohl	200 g	133 %
Erdbeere	150 g	124 %
Weißkohl	200 g	121 %
Grapefruitsaft, frisch gepreßt	200 g	115 %
Orange	100 g	67 %
Kiwi	70 g = 1 Stück	66 %
Tomaten	200 g	65 %
Zitrone	50 g	35 %

* prozentuale Deckung des Tagesbedarfs durch eine Portion
Zur Abwehrstärkung empfehlen viele Experten 75–150 mg Vitamin C.

Vitamin C – das Sensibelchen unter den Vitaminen

Die Werte in der Tabelle berücksichtigen keine Vitamin-C-Verluste beim Lagern, Wässern oder Erhitzen von Gemüse und Obst. Spülen Sie Gemüse und Obst zügig im kalten Wasser ab und schneiden es erst danach klein. Sonst kann es sein, daß Sie mehr Vitamin C im Spülwasser als auf dem Teller haben.

Der größte Vitamin-C-Vernichter ist der Herd. Wenn Sie Grünkohl kochen, müssen Sie den Vitamin-C-Wert mindestens halbieren. Trotzdem erreichen Sie mit einer Portion mehr als den Tagesbedarf.

SELBST ein einziger Tag in der prallen Sonne, und Broccoli, einer der absoluten Vitamin-C-Stars, büßt seine Spitzenposition ein. Nach zwei Tagen bei 20°C sollten Sie den frischen Broccoli links liegen lassen. In ihm steckt nun weniger Vitamin C als im schonend gefrosteten Broccoli aus der Tiefkühltruhe. Es lohnt sich also, immer frisches Gemüse zu kaufen.Und machen Sie häufiger mal nicht den Herd, sondern einen knackigen Salat an. So bringen Sie die volle Vitamin-C-Ausbeute auf den Tisch. Wenn Sie für die Salatsauce noch ein wertvolles, Vitamin-E-reiches Pflanzenöl verwenden, bilden Geschmack und Gesundheit ein optimales Duo.

Augen auf beim Vitamin C

WEIL es beim Vitamin C so sehr auf die Frische ankommt, achten Sie besonders auf Frischekennzeichen. Sind die Schnittstellen noch feucht, ist das Fruchtfleisch fest, aber nicht holzig? Haben Früchte und auch Gemüse noch ihren natürlichen Glanz, oder zeigen sich schon erste braune, eventuell auch faule Stellen? Dann sind sie überlagert und alles andere als frisch. Wollen Sie Gemüse selbst einfrieren, blanchieren Sie es vorher: Tauchen Sie das geputzte Gemüse kurz in leicht siedendes Wasser. Dann im Eiswasser abschrecken, abtrocknen und einfrieren. Durch das Blanchieren verliert das Gemüse zwar etwa 20 Prozent Vitamin C, aber es werden auch alle Enzyme abgetötet, die selbst noch in der Tiefkühltruhe das Vitamin C abbauen würden. Einmal blanchiert, bleibt Vitamin C bei -18°C über Monate erhalten.

PAPRIKA und Johannisbeeren geben mit ihrer Farbe einen deutlichen Hinweis darauf, wie es um ihren Vitamin-C-Gehalt steht: Schwarze Johannisbeeren haben einen fünfmal höheren Gehalt als ihre roten Verwandten. Bei der Paprika stehen die roten Früchte ganz oben. Nach dem Geschmack den Vitamin-C-Gehalt zu beurteilen, kann dagegen zu Fehlschlüssen führen. Zwar sind schwarze Johannisbeeren saurer als rote, und auch reines Vitamin C schmeckt sauer. Aber keinesfalls enthält ein saurer Apfel immer mehr Vitamin C als ein süßer. Schließlich schlägt die süße Kiwi einen noch so sauren Apfel beim Vitamin-C-Vergleich um Längen.

Beta-Carotin

OFT setzen wir das Beta-Carotin mit dem Vitamin A gleich oder nennen es Provitamin A, weil das Vitamin A aus Beta-Carotin gebildet wird. Aber das Beta-Carotin hat auch ganz eigene Funktionen unabhängig von seiner Vitaminwirkung. Es kommt vor allem in Pflanzen vor, während wir das eigentliche Vitamin A ausschließlich über tierische Lebensmittel aufnehmen. Auch wenn das Vitamin A die Immunzellen zu einer Abwehrreaktion antreibt, ist seine Wirkung auf das Immunsystem nicht vergleichbar mit dem des Beta-Carotins. Denn Beta-Carotin gehört zu den Radikalfängern. Es löst sich ebenso wie Vitamin E gut in Fett, und vielfach gilt für Beta-Carotin das gleiche, was schon bei Vitamin E beschrieben wurde: Es fängt die gefährlichen freien Radikale ab, allerdings nicht so effektiv wie das Vitamin E. Auch rätseln die Experten, ob Beta-Carotin Krebs vorbeugen kann. Da es aber noch keine eindeutigen Studien gibt, bleibt es vorerst nur bei Vermutungen. Immerhin zeigen etwa 200 Untersuchungen, daß Menschen, die viel Gemüse essen und damit auch viel Beta-Carotin aufnehmen, seltener Krebs bekommen. Vermutlich ist es die riesige Fülle von Substanzen in Gemüse und Obst, die alle zusammen das Krebsrisiko senken. Eventuell nützt es also gar nichts, eine einzelne Substanz wie das Beta-Carotin als Tablette zu schlucken, wenn erst die Vielfalt der Stoffe den Gesundheitswert eines Lebensmittels ausmacht.

Sonnenanbeter dürfen jedoch auf das Beta-Carotin zählen. Wer sich zu lange in der Sonne braten läßt, dessen Beta-Carotin-Werte können im Blut auf bis zu 15 Prozent sinken. Höchster Alarm fürs Immunsystem. Damit es unter keinem Beta-Carotin-Mangel leidet, sollten Sie sich beim Sonnenbaden rundum vor den Schäden des UV-Lichtes schützen: von außen durch eine Sonnencreme mit hohem Lichtschutzfaktor und von innen zum Beispiel mit einem Möhrensaft. Beta-Carotin verhindert die Rötung der Haut und senkt damit vermutlich auch das Risiko der stark zunehmenden Hautkrebserkrankungen.

Die Wissenschaftler sind sich einig, daß der Körper es selbst regelt, wieviel vom Beta-Carotin in Vitamin A umgewandelt wird. Auch wenn zum Beispiel eine Schwangere auf zu viel Vitamin A achten muß, so darf sie Möhren, Fenchel oder andere carotinreiche Lebensmittel trotzdem mit großem Appetit genießen. Denn der Körper drosselt die Vitamin-A-Herstellung, wenn er reichlich damit versorgt ist.

Das Ergebnis von Studien, in denen Raucher viel Beta-Carotin erhielten und entgegen aller Vermutung dadurch stärker an Lungenkrebs erkrankten, hat mit einer normalen Ernährung nichts zu tun: Selbst mit dem regelmäßigen Glas Möhrensaft erreicht das Beta-Carotin auf einem normalen Speiseplan lange nicht die Menge, die in den oft genannten Raucherstudien eingenommen wurde. Nichts spricht also dagegen, daß auch starke Raucher sich Beta-Carotin-reiche Lebensmittel schmecken lassen.

Wie der Name schon verrät, gehört Beta-Carotin zu den Carotinoiden. Mehr über die große Familie der Carotinoide erfahren Sie auf der Seite 28.

Lebensmittel mit viel Beta-Carotin

Lebensmittel	Portionsgrösse	Tagesbedarf (2 mg) pro Portion*
Möhre	200 g	780 %
Grünkohl	200 g	520 %
Fenchel	200 g	470 %
Spinat	200 g	470 %
Wirsing	200 g	470 %
Mangold	200 g	350 %
Honigmelone	150 g	350 %
Paprika, rot	150 g	280 %
Spargel	500 g	130 %
Kaki	150 g	124 %
Lauch	200 g	100 %
Feldsalat	50 g	98 %
Mango	150 g	90 %
Chicorée	50 g	86 %
Kapstachelbeere (Physalis)	150 g	68 %
Aprikose	150 g	60 %
Kürbis	200 g	58 %
Tomate	200 g	51 %
Broccoli	200 g	32 %
Bohnen, grün	200 g	31 %
Petersilie	10 g	27 %
Pflaume	150 g	27 %

* prozentuale Deckung des Tagesbedarfs durch eine Portion
Zur Abwehrstärkung empfehlen viele Experten 2–4 mg Beta-Carotin.

Beta-Carotin – am besten mit etwas Fett

WEIL Beta-Carotin ein fettlösliches Vitamin ist, kann der Körper es besser aufnehmen, wenn es zusammen mit Fett gegessen wird. Sollten Sie Ihren Möhrensaft zum Frühstück trinken, und auf Ihr Frühstücksbrötchen Butter oder Margarine streichen, dann können Sie auf den Tropfen Öl im Möhrensaft natürlich verzichten. Öl müssen Sie nur unterrühren, wenn Sie den Möhrensaft alleine, zum Beispiel als Zwischenmahlzeit, trinken. Beim Einkauf von Möhren, Kürbis, Aprikosen, Honigmelonen oder Kakis gilt: je oranger das Gemüse oder Obst, desto mehr Beta-Carotin enthält es. Bei grünem Gemüse, das auch sehr reich an Beta-Carotin ist, bringen andere Carotinoide die grüne Farbe. Doch auch hier gilt die allgemeine Regel: Je stärker Ihnen die Farbe des Gemüses oder Obstes entgegenleuchtet, desto schneller sollten Sie zugreifen.

Möhren lieber dünsten

DAMIT Ihr Darm an die reichlichen Beta-Carotin-Mengen in der Möhre überhaupt herankommt, braucht er mehr als nur etwas Fett. Sie sollten die Möhre dünsten, anstatt sie roh zu knabbern. Denn eine rohe Möhre geht durch Magen und Darm hindurch, ohne daß die Verdauungsenzyme ihr etwas abgewinnen können. Die Zellwände der Möhre lassen sich nur schwer aufschließen. Aber genau in diesen Zellen steckt das Beta-Carotin. Nur wer seine rohe Möhre ausgesprochen gründlich kaut, wird etwas von deren Carotin haben. Normalerweise nimmt der Körper aus einer rohen Möhre nur 1 Prozent des Carotins auf. Weitaus besser kommt der Darm an den orangen Radikalfänger heran, wenn Sie die Möhren in wenig Fett dünsten. Solch eine schwache Hitze schadet dem Beta-Carotin kaum, aber die Möhrenzellen brechen durch die Hitze auf, das Beta-Carotin tritt heraus und kann erst jetzt vom Darm optimal aufgenommen werden. Ganz einfach können Sie es sich machen, wenn Sie sich regelmäßig ein Glas Möhrensaft gönnen. Darin liegt das Beta-Carotin frei vor und kann gut verwertet werden. Frisch entsaftet enthält der orange Muntermacher natürlich am meisten Vitamine und schmeckt auch voller. Doch auch der pasteurisierte Saft aus dem Supermarkt bietet viel gesunden Geschmack, weil das relativ unempfindliche Beta-Carotin die schnelle und milde Hitze beim Pasteurisieren ohne große Verluste übersteht. Ideal ist ein solcher Drink zum Frühstück, für zwischendurch oder als Alternative zum oft ungeliebten Schulbrot.

Ungefährlich: Gelbe Haut durch Karottensaft

WER viel Karottensaft trinkt oder Beta-Carotin-Präparate einnimmt, dessen Haut kann sich gelb-orange färben. Insbesondere Handinnenflächen und Fußsohlen, aber auch die Haut um Nase und Lippe verraten durch eine etwas unnatürliche orange Farbe den Carotin-Überfluß. Was aussieht wie eine Gelbsucht, ist völlig harmlos und verschwindet, wenn der Speiseplan keine großen Carotin-Mengen mehr aufweist. Der Unterschied einer carotingelben Haut zu einer Gelbsucht ist für jeden leicht erkennbar: Bei einer Gelbsucht färben sich auch die Augen gelblich. Dann sofort zum Arzt! Bei zu viel Carotin bleiben die Augen weiß.

Mineralien geben der Abwehr Power

Wenn schon geringste Mengen, oft weniger als ein tausendstel Gramm pro Tag, darüber entscheiden, ob es einem gut geht, sind lebenswichtige Spurenelemente am Werk. Drei davon unterstützen ganz besonders das Immunsystem und helfen ganz gezielt im Kampf gegen Entzündung, Erkältung oder Embolie.

Eisen

Ohne Eisen könnte der Mensch nicht atmen. Denn Eisen spielt eine zentrale Rolle beim Sauerstofftransport im Blut, auch Hämoglobin genannt. Zugleich wird Eisen von Substanzen gebraucht, die in den Zellen aus dem Sauerstoff Energie freisetzen. Zählt man alles Eisen zusammen, kommt der Mensch auf vier bis fünf Gramm – für ein Spurenelement eine stattliche Menge. Das meiste davon befindet sich im Blut. Frauen verlieren während der Menstruation monatlich im Durchschnitt etwa 15 bis 30 Milligramm Eisen und leiden daher recht häufig unter einem Mangel, zumal mit der Nahrung in der Regel nur 75 Prozent der empfohlenen Eisenmenge aufgenommen werden.

Wenn Sie sich schlapp fühlen, blaß sind oder häufiger und schneller als andere eine Grippe bekommen oder kleine Entzündungen auftreten, kann es am fehlenden Eisen liegen. Dann bildet der Körper weniger Blutkörperchen. Die Nerven leiden darunter: Die Konzentration kann nachlassen und die Reizbarkeit anschwellen. Auch eine rauhe Haut, Wetterfühligkeit und Kopfschmerzen nehmen zu, wenn das Eisen abnimmt. Der Körper hat im Darm selbst eine Kontrolle eingebaut, um einen zu niedrigen oder auch zu hohen Eisengehalt zu steuern. Liegt der Eisenpegel niedrig, nimmt er mehr auf. Sind die Eisendepots vor allem in der Leber gefüllt, drosselt der Darm die Aufnahme.

Das Eisen kommt in zwei Formen in unserer Nahrung vor, die ganz unterschiedlich vom Körper aufgenommen werden können. Die eine Form, das Hämoglobin-Eisen, findet sich nur in tierischen Lebensmitteln. Es wird gut resorbiert, so daß aus Fleisch etwas 15 Prozent des Eisens aufgenommen werden. Die zweite Eisenform insbesondere aus Pflanzen nimmt der Darm nur zu 3 bis 7 Prozent auf. Deshalb können Pflanzen selbst mit hohen Eisengehalten Fleisch als Eisenlieferant nur schwer ersetzen. Insbesondere Vegetarierinnen müssen das beachten, wenn sie dem – auch bei Nichtvegetarierinnen – häufigen Eisenmangel sicher ausweichen wollen.

Eisen übernimmt viele Aufgaben in der Abwehr. Die Freßzellen brauchen es, um Eindringlinge zu zerstören. Außerdem beteiligt sich Eisen an der Antikörperbildung, aktiviert die unterschiedlichsten Immunzellen und baut komplexe Substanzen auf, die die Immunreaktion beschleunigen. Interessanterweise kann das Immunsystem mit einem Eisenüberschuß durch sehr viel Fleisch, Innereien oder Eisenpräparate vermutlich wenig anfangen. Es hat sich sogar gezeigt, daß Krankheitserreger es im Körper leichter haben, wenn Eisen in großen Mengen aufgenommen wurde. Am besten, Sie versuchen, durch eine eisenreiche Nahrung und nicht über Eisenpräparate Ihren Bedarf zu decken, um mit diesem Mineral weder unter- noch überversorgt zu sein.

Lebensmittel mit viel Eisen

Lebensmittel	Portionsgrösse	Tagesbedarf (15 mg) pro Portion*
Schweineleber	100 g	105 %
Kalbsniere	100 g	77 %
Hirse	100 g	60 %
Spinat	200 g	56 % a)
Kalbsleber	100 g	53 %
Rinderleber	100 g	46 %
Schwarzwurzel	200 g	44 %
Pfifferling	100 g	43 %
Linsen	75 g	38 %
Fenchel	200 g	36 %
Mangold	200 g	36 % a)
Kichererbsen	75 g	35 %
Bohnen, weiße	75 g	31 %
Limabohne	75 g	31 %
Kalbsbrust	150 g	30 %
Kalbshaxe	150 g	30 %
Rehkeule	150 g	30 %
Schweinefilet	150 g	30 %
Möhre	200 g	28 %
Rinderkeule	150 g	26 %
Roastbeef	150 g	25 %
Roggenvollkornbrot	100 g = 2 gr. Scheiben	22 %
Bündner Fleisch	30 g	20 %
Muscheln	50 g	17 %
Blutwurst	30 g	13 %
Leberwurst	30 g	11 %
Lachs	150 g	10 %
Haferflocken	30 g	9 %

a) = Werte berücksichtigen nicht die hohen Mengen an eisenraubender Oxalsäure
* prozentuale Deckung des Tagesbedarfs durch eine Portion

Spinat: sein Eisenwert (ent)täuscht

Dass Spinat lange als ideale Eisenquelle galt und Generationen von Kindern das ungeliebte Grün essen mußten, liegt einzig an einem Kommafehler, der das Gemüse fälschlicherweise zu einer idealen Eisenquelle machte. Doch auch der mittlerweile korrigierte Wert ist nur die halbe Wahrheit. Denn trotz der immer noch relativ hohen 4,2 Milligramm Eisen pro 100 Gramm Spinat kann kein Spinatgericht einen Eisenmangel beheben. Denn Spinat enthält neben viel Eisen auch einen hohen Anteil an Oxalsäure. Oxalsäure aber bindet viele Mineralstoffe, darunter auch Eisen. Wer sehr viel Oxalsäure aufnimmt, ob mit Spinat oder auch mit Rhabarber, roter Bete oder Mangold, tut seinem Mineralstoffhaushalt nichts Gutes. Hin und wieder gegessen, schadet Oxalsäure einem Gesunden nicht, doch disqualifiziert die im Spinat und auch im Mangold vorkommende Oxalsäure diese Gemüsesorten von der Top-Ten-Hitliste der Eisenlieferanten.

Es existiert allerdings auch ein Nährstoff, der die Eisenaufnahme fördert: das Vitamin C. Es formt das Eisen so um, daß der Darm es besser verwerten kann. Eisen und Vitamin C bilden ein Nährstoff-Paar, mit dem ein Eisenmangel optimal vermieden werden kann. Gerade Vegetarier sollten diesen Eisen-Effekt vom Vitamin C ausnutzen. Denn Vegetarier können leicht in eine Eisen-Ebbe hineingeraten, weil das ihnen fehlende Fleisch viel Eisen liefert und zusätzlich noch die Eisenaufnahme fördert. Wenn Sie also eines der in der Tabelle genannten eisenreichen Lebensmittel auf Ihrem Teller haben, dann trinken Sie doch einfach einen Orangensaft dazu oder genießen Sie eine Kiwi zum Dessert. Deren Vitamin C sorgt dafür, daß sich Ihre Eisenspeicher wieder füllen und Ihre Abwehr über genügend Reserven verfügt.

Fleisch – ein Eisenlieferant erster Güte

Schon beim Spinat hat uns die Tabelle getäuscht. Beim Fleisch führt sie uns nochmals auf den Holzweg. Die Zahlen berücksichtigen nicht, daß das Eisen aus Fleisch doppelt so gut aufgenommen werden kann wie das aus Getreide oder Gemüse. Im Fleisch liegt es in einer Form vor, auf die der Darm besser eingestellt ist. Ganz besonders viel Eisen enthalten die Innereien, leider auch höhere Konzentrationen von Schwermetallen und anderen Schadstoffen. Die Leber, eine der nährstoffreichsten Innereien, ist jedoch ein- bis zweimal pro Monat erlaubt. Die Schadstoffaufnahme bleibt bei diesen Mengen so gering, daß die Grenzwerte dadurch nicht annähernd erreicht werden. Vorsichtig müssen nur Schwangere sein: nicht wegen der Schadstoffe, Schwermetalle oder Ablagerungen in der Leber, sondern weil die Leber so viel Vitamin A speichert, daß es in der Schwangerschaft das heranwachsende Baby belasten kann. Deshalb ist Leber in der Schwangerschaft tabu.

Selen: kleine Menge, große Wirkung

Wir brauchen nur ganze 50 Mikrogramm davon, also 50 Millionstel Gramm. Und trotzdem vermissen wir es häufig in unserer Nahrung. Der saure Regen hat in den letzten Jahren das Selen in den Böden ausgewaschen, so daß vermutlich auch die alten Analysenwerte (siehe Tabelle) nicht mehr stimmen. Doch ohne Selen kommt die Abwehr nicht zurecht. Schließlich bildet Selen den Mittelpunkt einiger Entgiftungsenzyme, die im Körper die Folgen der freien Radikale abbauen sowie Schwermetalle ausschwemmen. Dabei unterstützen sich Vitamin E und Selen gegenseitig. Sie halten Herz und Gefäße jung. Mediziner berichten, daß die Abwehrkraft von Patienten mit Krebs oder mit großen Entzündungen gestiegen ist, sobald deren Selenmangel ausgeglichen wurde. Studien an gesunden Menschen zeigen, daß auch sie von mehr Selen in der Nahrung profitieren: Ihre Immunzellen konnten mit mehr Selen ihre Abwehr-Aufgaben besser erfüllen. Im Durchschnitt nehmen in Deutschland Frauen nur 75 und Männer nur 95 Prozent der empfohlenen Selenmenge auf. Vegetarier vermutlich noch weniger, weil sie neben dem Fleisch auch auf selenreichen Fisch und Meeresfrüchte verzichten.

Lebensmittel mit viel Selen

Lebensmittel	Portionsgrösse	Tagesbedarf (50 µg) pro Portion*
Kokosnuß	30 g	486 %
Schweineniere	100 g	406 %
Steinpilz	100 g	368 %
Thunfisch	150 g	246 %
Brasse	150 g	216 %
Hummer	75 g	195 %
Hering	150 g	164 %
Flunder	150 g	137 %
Rotbarsch	150 g	132 %
Makrele	150 g	117 %
Schweineleber	100 g	113 %
Scholle	150 g	100 %
Seezunge	150 g	88 %
Schellfisch	150 g	88 %

* prozentuale Deckung des Tagesbedarfs durch eine Portion

Zink – das klassische Immunmineral

Die gesamte Abwehr – alle Immunzellen, die Freßzellen und auch die Antikörperreaktionen – bauen auf dem Spurenelement Zink auf. Tritt ein Zinkmangel ein, weil zu wenig von diesem Spurenelement gegessen wird oder beispielsweise die Aufnahme durch Darmerkrankungen gestört ist, macht das Immunsystem schlapp. Ohne Zink können sich die Immunzellen nicht weiterentwickeln und büßen damit an Abwehrkraft ein. Man bemerkt es oft daran, daß kleine Wunden ungewohnt lange brauchen, um zu heilen.

Besonders schwerwiegend kann ein Zinkmangel sein, wenn der Darm entzündet ist: Die Entzündung hält länger an, weil dem Körper Zink fehlt und er durch die Darmentzündung das Zink schwerer aufnehmen kann, so daß der Körper erst recht zu Entzündungen neigt. Diesen Teufelskreis zu durchbrechen, gelingt nur mit einer abwehrstärkenden Ernährung, die nicht nur mit hohen Zinkwerten glänzt, sondern das Immunsystem von allen Seiten stärkt, damit sich die Darmschleimhaut schnell wieder erholt. Denn was die Zinksalbe von außen kann, muß ein ausreichend hoher Zinkgehalt im Blut und in den Geweben von innen erreichen: schnelle Hilfe bei allen Verletzungen. Aber auch Erkältungen halten sich nur noch halb so lange, wenn genügend Zink die Immunabwehr gegen die Erkältungsviren anstachelt.

Die Tabelle zeigt, daß insbesondere Vegetarier ein besonderes Augenmerk auf ihren Zinkbedarf haben sollten, schließlich ist Fleisch eine der Hauptquellen. Mit reichlich Hülsenfrüchten und viel Vollkornbrot können auch sie einem Zinkmangel vorbeugen.

Lebensmittel mit viel Zink

Lebensmittel	Portionsgrösse	Tagesbedarfs (15 mg) pro Portion*
Kalbsleber	100 g	56 %
Rindfleisch, Schulter	150 g	53 %
Rindfleisch, Filet	150 g	44 %
Lammfleisch	150 g	37 %
Schweinefleisch, Schnitzel	150 g	26 %
Weizenkeime	30 g	24 %
Sojabohnen	75 g	21 %
Linsen	75 g	19 %
Kichererbsen	75 g	18 %
Weizenvollkornbrot	100 g	14 %

* prozentuale Deckung des Tagesbedarfs durch eine Portion

Keine leere Hülse

Hülsenfrüchte gehören zu den besten Mineralstofflieferanten. Was unter ihren Hülsen steckt, kann sich in den Nährwerttabellen sehen lassen. Außerdem gehören sie zu den preiswerten Lebensmitteln. Sie lassen sich gut lagern und haben im Winter wie im Sommer Saison. Trotzdem zählen Hülsenfrüchte zu den Stiefkindern auf unseren Speiseplänen. Vermutlich, weil sie oft Blähungen verursachen. Damit nicht aus jedem Böhnchen ein Tönchen wird, sollten getrocknete Erbsen und Bohnen mindestens über Nacht, möglichst sogar länger eingeweicht werden. Geben Sie Kräuter und einen Schuß Essig zu den gekochten Hülsenfrüchten und kauen Sie sie gründlich. So vermeiden Sie die genannten Beschwerden. Es lohnt sich auf alle Fälle, denn neben den gesunden Vitaminen und Mineralien liefern die Hülsenfrüchte viel Geschmack und passen nicht nur in den Eintopf.

Fettsäuren drehen an zentralen Reglern

Wir müssen bei den Fetten dazulernen. Unser Körper bildet einige von ihnen zu hochwirksamen Reglerstoffen aus, die beispielsweise Allergien beeinflussen und damit auch das Immunsystem. Diese wertvollen Fette verdienen unser Interesse und unseren Appetit.

ZU viel Fett belastet das Immunsystem, weil Fett sich im Körper ablagert, Gefäße verengt oder den Stoffwechsel stört. Damit halsen die Fette indirekt auch dem Immunsystem Arbeit auf, denn es entstehen im Körper viele Abbauprodukte. Der Körper reagiert mit Diabetes oder Krebs. Der körpereigenen Polizei oder der Müllabfuhr bleibt die Aufgabe, die Fettfolgen zu beseitigen. Doch es gibt auch Fette, die dem Immunsystem sehr große Dienste leisten.

BISLANG schien es einfach, die gesunden Fette von den schlechten zu unterscheiden: Die Pflanzenfette enthalten viele mehrfach ungesättigten Fettsäuren. Das sind die guten Fette, weil der Körper diese Fettsäuren für seine Zellwände, zum Aufbau von Hormonen und anderen Reglerstoffen braucht. Diese hochungesättigten Fette finden sich besonders in den kaltgepreßten Ölen. Da diese Fette schneller ranzig werden (schließlich sind sie »ungesättigt«; »hungern« also zum Beispiel nach Sauerstoff und werden dabei ranzig), brauchen sie möglichst viel Vitamin E als natürlichen Schutz vor dem Sauerstoffangriff. Vitamin E hilft dem Immunsystem, die hochsensiblen Fettsäuren vor den freien Radikalen zu schützen. Ideale Öle mit einem hohen Gehalt an mehrfach ungesättigten Fettsäuren und viel Vitamin E sind Weizenkeimöl, Sonnenblumenöl, Distelöl und Maiskeimöl.

Fette: die guten und die schlechten

NEUERDINGS gilt es, zwischen Omega-3-Fettsäuren und Omega-6-Fettsäuren zu unterscheiden. Hier erkennt jeder sofort am Namen, daß es dabei um die höhere Lebensmittelchemie geht. Ganz einfach gesagt: Aus Omega-3-Fettsäuren kann der Körper herz- und gefäßschonende, antientzündliche, antiallergische und vermutlich auch krebshemmende Stoffe bilden. Diese Fitmacher-Fette finden sich in etlichen Pflanzenölen und in Fischölen. Wichtig zu wissen ist, daß diese Omega-3-Fettsäuren natürliche Gegenspieler haben: die Omega-6-Fettsäuren. Beide Fettsäurearten baut der Körper zu Gewebshormonen und Reglerstoffen um, die sich genau gegenteilig auswirken. Aus den Omega-3-Fettsäuren können beispielsweise Reglerstoffe entstehen, die Entzündungsherde zum Abschwellen bringen. Sie können Allergien abschwächen oder gar nicht erst aufflammen lassen und vermutlich auch krebsartige Veränderungen der Zellen unterbinden. Die Fitmacher-Fette können das Abwehrsystem des Körpers vor vielen Großeinsätzen bewahren, so daß es seine Kraft nicht vergeuden muß. Pflanzenöle, die viele Omega-3-, aber relativ wenige Omega-6-Fettsäuren enthalten, sind vor allem Lein-, Raps-, Haselnuß-, Walnuß-, Soja- und Weizenkeimöl. Auch in Fischen (insbesondere in Lachs, Hering, Thunfisch, Heilbutt, Hering und Makrele) finden sich Omega-

3-Fettsäuren. Sie sind komplizierter aufgebaut, wirken dafür im Körper auch drei- bis zehnmal besser als die Pflanzenfette. Die Deutsche Gesellschaft für Ernährung empfiehlt, den Anteil dieser Fitmacher-Fettsäuren auf Kosten der Omega-6-Fettsäuren zu steigern.

Wichtig zu wissen: Sämtliche mehrfach ungesättigten Fettsäuren sind gesund, weil sie sich positiv auf den Cholesterinspiegel auswirken. Niemand muß also auf sein Olivenöl oder Sonnenblumenöl verzichten, nur weil dessen Verhältnis von Omega-6- zu Omega-3-Fettsäuren nicht so günstig ist wie beispielsweise beim Rapsöl. Doch sollte er dann hin und wieder auch eines der Öle verwenden, auch ansehnliche Mengen an Omega-3-Fettsäuren enthält.

Fischfette sind Fitneßfette

Einen Teil des Umbauweges von der Pflanzen-Fettsäure zum körpereigenen Reglerstoff haben die Fischfette schon hinter sich. Deshalb wirken sich die Omega-3-Fettsäuren viel stärker im Körper des Menschen aus als die Fettsäuren der Pflanzenöle. Besonders hohe Anteile an den Omega-3-Fettsäuren haben fettere Fische wie Lachs, Thunfisch, Makrele, Heilbutt und Hering. Genau diese Fische enthalten neben den Fitmacher-Fetten auch noch eine ganze Menge Vitamin D für die Knochen und Jod, das die Schilddrüse anregt und die Bildung eines Kropfes verhindert. Gute Gründe, zweimal in der Woche Seefisch zu essen, und dabei nicht die fettarmen Sorten zu bevorzugen, bei denen der Anteil der gesunden Fitmacher-Fette nicht so hoch ausfällt. Keine Sorge um die Linie: Selbst bei den fetteren Fischen wird Ihre Figur keinen Schaden nehmen. Fleisch enthält oft weitaus mehr Fett.

Fettsäuregehalte einiger Pflanzenöle

Lebensmittel	Linolensäure* (Omega-3-Fettsäure)	Linolsäure* (Omega-6-Fettsäure)
Leinöl	54,0 %	14 %
Walnußöl	13,5 %	58 %
Rapsöl	9,0 %	18 %
Weizenkeimöl	8,0 %	55 %
Sojaöl	7,5 %	54 %
Haselnußöl	2,0 %	12 %
Maiskeimöl	1,0 %	52 %
Olivenöl	1,0 %	8 %
Mohnöl	1,0 %	72 %
Traubenkernöl	0,5 %	66 %
Sonnenblumenöl	0,5 %	63 %
Distelöl	0,5 %	74 %

* angegeben ist der prozentuale Anteil an den Gesamtfettsäuren

Omega-3-Fettsäuregehalte einiger Fische

Lebensmittel	Omega-3-Fettsäuren* (mg/100g)
Lachs	3351
Hering	3079
Thunfisch	3035
Bückling	3000
Makrele	2322
Heilbutt	461

* addiert wurden die Omega-3-Fettsäuren Linolensäure, Eicosapentaensäure und Docosahexaensäure

Sekundäre Pflanzenstoffe, die neuentdeckten Schutzsubstanzen

Unsere Nahrung unterstützt das Immunsystem nicht nur mit Vitaminen und Mineralstoffen, sondern liefert noch eine riesige Armada von Schutzsubstanzen, die den Körper vor einer Vielzahl von Angriffen bewahren können.

FRÜHER meinten viele Ernährungswissenschaftler, mit Eiweiß, Fett und Kohlenhydraten, den Ballaststoffen, Vitaminen und Mineralien sei die Liste der notwendigen Nährstoffe für alle Zeiten abgeschlossen. Doch mittlerweile wissen sie, daß sie sich geirrt haben. Eine neue Generation von Pflanzenstoffen wird gerade entdeckt, die die Wissenschaftler sekundär nennen, auch wenn sie derzeit ganz vorne im Rampenlicht des Interesses stehen. Denn diese sekundären Pflanzenstoffe statten uns mit Schutzstoffen aus, die uns jung, fit und gesund erhalten, auch wenn sie uns keine Nährstoffe liefern, die den Stoffwechsel am Laufen halten.

Lebensmittel als Heilmittel

SCHON der griechische Gelehrte Hippokrates sah die Lebensmittel als Heilmittel an. Mehr als zwei Jahrtausende später entdeckt auch die moderne Ernährungswissenschaft, daß sich ein Gemüseladen von einer Apotheke so grundlegend nicht unterscheidet. Viel Obst und Gemüse im Einkaufskorb – und das Risiko für Infektionen, hohen Cholesterinspiegel und Krebs sinkt. Die Mittelmeerländer machen es uns vor. Dort essen die Menschen ein Vielfaches an frischem Gemüse und leiden weniger unter bestimmten Krebsarten, Herz-Kreislauf-Erkrankungen und anderen Zivilisationsleiden. Vielleicht denken Sie, das könnte auch an der dortigen Lebensart, der Siesta, dem schönen Wetter und dem vermeintlich geringeren Streß liegen. In Deutschland wurden Menschen miteinander verglichen, die ähnlich lebten und arbeiteten, gleich viel tranken und rauchten und sich nur in einem unterschieden: Die einen aßen Fleisch, die anderen nicht, dafür aber mehr Gemüse. Bei den Vegetariern war der Cholesterinspiegel, der Blutdruck und das Körpergewicht geringer. Bei einer anderen deutschen Vegetarierstudie sank das Risiko um 25 bis 50 Prozent, an Krebs zu erkranken, und sie starben nur halb so oft an Herz-Kreislauf-Erkrankungen wie die Fleischesser. Allerdings war bei dieser Studie die Vegetarier-Gruppe sportlich aktiver und rauchte weniger. Doch das allein kann die erstaunlich höhere Lebenserwartung der Vegetarier nicht erklären. Schuld daran sind vermutlich die sekundären Pflanzenstoffe, die in Form von viel Frischgemüse gerade von Vegetariern in großen Mengen gegessen werden.

Die Vielfalt macht's

SEKUNDÄRE Pflanzenstoffe lassen sich nicht in ein Schema pressen. Zu viele Substanzen gehören dazu: Am bekanntesten sind die Carotinoide, davon beispielsweise das Beta-Carotin. Auch Phenol- oder Gerbsäuren zählen zu den sekundären Pflanzenstoffen, ebenso Flavonoide, Sulfide (zum Beispiel im Knoblauch) oder Terpene, die Aromastoffe in vielen Gewürzen und Früchten. Wissenschaftler schätzen, daß es die sekundären Pflanzenstoffe auf 10 000 Einzelsubstanzen bringen. Sie lehnen es deshalb ab, diese Pflanzenstoffe in Tabletten zu pressen, weil darin immer nur einige wenige dieser sekundären Pflanzenstoffe enthalten sind. Denn erst die Mischung und die Vielfalt der Stoffe garantieren, daß der Körper den vollen Schutz erhält.

DOCH nun der Reihe nach. Dem Immunsystem helfen sämtliche neun Klassen der sekundären Pflanzenstoffe. Hier finden Sie einen kurzen Überblick:

Carotinoide

Carotinoide sind Farbstoffe von Pflanzen, am bekanntesten ist das gelb-orange Beta-Carotin der Möhre. Es existieren aber noch andere, teilweise auch grünfärbende Carotinoide. Egal ob grün oder orange, sie blockieren die hautschädigenden Energien von UV-Strahlen und schützen Zellen und Zellkerne vor freien Radikalen. Damit vermeiden sie, daß sich Zellen zu Krebszellen umbilden. Außerdem aktivieren Carotinoide das Immunsystem, erste Angreifer besser abzufangen. Es werden mehr Killerzellen produziert, und die Zahl der Antikörper nimmt ebenfalls dank der Carotinoide zu.

UNTER den Vertretern der Carotinoide gibt es recht stabile wie das Beta-Carotin. Hier darf und sollte die Möhre kurz gegart werden, damit die harten Zellwände aufplatzen und das Beta-Carotin frei wird. Andere Carotinoidgruppen wie das Zeaxanthin und das Lutein vertragen die Hitze schlecht. Deshalb den Spinat auch mal als Salat zubereiten. Damit Sie erkennen können, in welchen Gemüse- und Obstsorten viele Carotinoide enthalten sind und auch wissen, ob die Carotinoide hitzestabil (Beta-Carotin) oder aber hitzeempfindlich (Zeaxanthin, Lutein) sind, finden Sie hier eine Tabelle mit den wichtigsten Angaben. Achten Sie beim Einkauf carotinoidreicher Gemüse- und Obstsorten auf die Farbe: Je farbenprächtiger die Paprika, die Möhre oder der Feldsalat, desto mehr Carotinoide sind enthalten. Kaufen Sie die Carotinoide mit den Augen ein!

Carotinoidgehalte einiger Obst- und Gemüsesorten

Lebensmittel	Beta-Carotin (in mg pro 100 g)	Zeaxanthin und Lutein (in mg pro 100 g)
Aprikose	0,80	0,09
Clementine	0,03	0,06
Grapefruit	0,59	0,03
Nektarine	0,37	1,06
Sauerkirsche	0,40	0,07
Zwetschge	0,11	0,11
Broccoli	0,32	1,21
Buschbohne	0,28	0,63
Dill	4,50	6,70
Endiviensalat	1,09	2,08
Feldsalat	3,98	9,65
Grünkohl	5,17	18,63
Kopfsalat	1,45	2,27
Kürbis	3,10	1,50
Möhre	7,79	0,29
Paprika, rot	3,78	2,20
Petersilie	3,70	13,78
Rosenkohl	0,59	1,61
Sellerie	0,71	3,60
Spinat	4,69	9,54
Tomate	0,61	0,21
Wirsing	4,70	21,90
Zucchini	0,22	1,33

Glucosinolate

AUCH die Glucosinolate können Sie schmecken. Die Zunge erkennt die Glucosinolate sofort an ihrem Abbauprodukt, den Senfölen. Kresse, Kohlrabi, Rosenkohl, Rotkohl, Blumenkohl, Broccoli, Rettich, auch Chinakohl, Meerrettich und natürlich der Senf enthalten Glucosinolate. Die scharfen Senföle entstehen erst, nachdem das Gemüse zerkleinert wurde. Gegessen wandern sie durch den ganzen Körper und gelangen über den Urin und die Atemluft wieder nach außen. Auf ihrem Weg durch den Körper wirken die Substanzen gegen Bakterien und schützen vor dem Angriff krebserregender Stoffe. Sie beleben spezielle Entgiftungsenzyme und unterstützen damit das Immunsystem bei seiner Arbeit. Bereits Mengen von 10 bis 40 Gramm Gartenkresse pro Tag können Keime in den Harnwegen vernichten.

HITZE schmälert sehr schnell den Wirkstoffgehalt und somit auch die Wirksamkeit der scharfen Bakterienkiller. Um so wichtiger ist es, häufiger mal einen Salat aus Chinakohl, Kohlrabi, viel Kresse und einer Senfsauce zu machen. Zudem kann nur empfohlen werden, den Rettich auch außerhalb Bayerns als Zwischenmahlzeit einzuführen.

DASS Rosenkohl und Grünkohl mehr Vitamin C enthalten als Zitronen, half schon unseren Vorfahren über den Winter. Nun entdecken Lebensmittelchemiker immer mehr sekundäre Pflanzenstoffe im Kohlgemüse. Broccoli und Grünkohl nehmen unter allen Gemüsesorten Spitzenplätze ein, wenn es um den Gehalt an abwehrstärkenden Stoffen geht. Auch tritt Kohl aus seinem kulinarischen Schattendasein heraus. Leicht gedünstet und nicht stundenlang weich gekocht, wird das alte Gemüse derzeit wiederentdeckt. Da die unterschiedlichen Kohlsorten ihren Erntezeitpunkt gut über das gesamte Jahr verteilen, können Sie sie immer saisonal einkaufen. So bekommen Sie die optimale Qualität ohne Einbußen an wichtigen Gesundheitsstoffen. Bereits das Einfrieren beispielsweise von Broccoli zerstört 16 Prozent der Glucosinolate. Doch auf Tiefkühlkohl können Sie ganzjährig verzichten. Wenn Sie im späten Frühjahr Kohlrabi kaufen, im Sommer und im Herbst die freie Auswahl unter fast allen Kohlsorten nutzen, dann im Spätherbst bis zum Frühjahr Grünkohl, Weißkohl sowie Wirsing bei Ihnen Saison hat, können Sie auf Tiefkühlkohl ganzjährig verzichten.

Phytosterine

SIE werden hier nur der Vollständigkeit wegen aufgeführt, denn dem Immunsystem nutzen die in Ölen und fetten Samen vorkommenden, mit dem Cholesterin verwandten Stoffe vermutlich nur wenig. Allerdings binden sie sich im Darm an krebserregende Stoffe. Wie effektiv Phytosterine dadurch im menschlichen Darm Schadstoffe abwehren können, muß noch untersucht werden.

Saponine

HÜLSENFRÜCHTE und Knoblauch enthalten viele Saponine. Sie werden vom Darm nicht aufgenommen, wirken aber während ihrer Reise durch den Verdauungskanal. Sie binden Cholesterin, das danach den Cholesterinspiegel im Blut nicht mehr in die Höhe treiben kann. Außerdem vermehren sich unter dem Einfluß der Saponine die Zellen der Darmschleimhaut langsamer, so daß körpereigene Reparaturmechanismen mehr Zeit finden, krebsartig veränderte

Darmzellen zu orten und deren Fehler zu beheben. Saponine können außerdem das Immunsystem anstacheln. Es produziert dann mehr Immunzellen und gibt bis zu hundertmal mehr Antikörper an das Blut ab. Glücklicherweise vertragen Saponine höhere Temperaturen, so daß nach dem Kochen noch reichlich Saponine in den Hülsenfrüchten zurückbleiben – allerdings auch im Kochwasser. Saponine sind wasserlöslich. Deshalb Hülsenfrüchte immer in wenig Wasser garen.

Polyphenole

Hierunter versammelt sich eine bunte Gruppe von sekundären Pflanzenstoffen, unter denen zwei große Untergruppen herausstechen: die Phenolsäuren sind im weitesten Sinne Gerbsäuren und die Flavonoide bilden eine Gruppe von Pflanzenfarbstoffen. Beide Stoffgruppen befinden sich in hohen Konzentrationen direkt unter der Schale von Obst, Gemüse und Getreide. Ein Grund mehr, auf gehäutete Tomaten, ausgemahlenes weißes Mehl, geschabte Möhren und geschälte Salzkartoffeln zu verzichten. Im Getreide befindet sich beispielsweise der Hauptanteil der Polyphenole in der Kleie und eine geschälte Möhre enthält nur noch 15 Prozent der ursprünglichen Polyphenolmenge. Neben der großen Palette der Vollkornprodukte enthalten Kohlsorten, Bohnen, Paprika sowie Nüsse und Beeren beachtenswerte Phenolsäuremengen. Dadurch unterstützen diese Lebensmittel das Immunsystem. Denn Phenolsäure geht gegen Bakterien und Viren vor und verhindert die Bildung von aggressiven freien Radikalen im Körper. Sie kann im Darm Entgiftungsenzyme aktivieren sowie auch selbst die Aufnahme krebserregender Stoffe durch den Darm ins Blut verhindern.

Auch die Flavonoide stellen sich den freien Radikalen in den Weg. Sie bewirken, daß Anfangsstadien der Krebsentartung einer Zelle schnell ein Ende finden. Einige Flavonoide aus Zitrusfrüchten erleichtern es dem Blut, selbst durch enge oder gestauchte Blutgefäße hindurchzufließen. So wirken Flavonoide direkt auf Immunreaktionen ein: Schwellungen, Entzündungen und Rötungen bilden sich schneller zurück oder entstehen erst gar nicht. Außerdem legen Flavonoide Viren lahm und gehen gegen Bakterien vor.

Gehalte einiger Obst- und Gemüsesorten an wichtigen Flavonoiden

Lebensmittel	Kämpferol (in mg pro 100 g)	Quercetin (in mg pro 100 g)
Apfel	0,22	3,22
Orange	-	4,32
Brombeere	1,22	4,47
Erdbeere	1,80	2,10
Himbeere	1,67	2,37
Johannisbeere, schwarz	0,05	6,91
Weintrauben, dunkel	0,05	2,41
Weintrauben, hell	0,31	2,88
Broccoli	5,80	2,20
Endiviensalat	4,60	0,13
Grünkohl	10,51	6,00
Porree (Lauch)	5,58	0,51
Schnittlauch	0,93	24,50
Tomatensaft	-	1,30
Zwiebel	-	34,70

- = keine Daten

Protease-Inhibitoren

ROHE Hülsenfrüchte, Kartoffeln und rohes Getreide enthalten Stoffe, die die Eiweißspaltung im Verdauungstrakt leicht blockieren. Bei größeren Mengen dieser Verdauungsblocker käme es zu Beschwerden. Doch beim Keimen von Samen und erst recht beim Kochen gehen die meisten Protease-Inhibitoren verloren. Die restlichen kleinen Mengen kann der Darm gut vertragen. Vermutlich können die Protease-Inhibitoren ihre Blockade-Arbeit im Darm auf Zellen übertragen, die im Begriff stehen, sich in Krebszellen zu verwandeln. Außerdem puffern die Protease-Inhibitoren aggressive Sauerstoffverbindungen ab, die die Zellen schädigen können. So sind die Inhibitoren aus Sojabohnen, Linsen, Mungobohnen, Erdnüssen und Getreide in der Lage, eine Zelle auf ihrem Weg zur Krebszelle aufzuhalten und sogar zurückzuweisen.

Terpene

TERPENE können Sie riechen oder schmecken. Es sind die Aromastoffe in Gewürzen, Früchten und Kräutern. Doch was die Nase mag, gefällt Krebsverursachern gar nicht. Tierversuche zeigten, daß zum Beispiel das Menthol der Pfefferminze und der Aromastoff Limonen in der Zitrone krebserregenden Stoffen kaum eine Chance ließen, Körperzellen und Organe zu schädigen. Denn sie steigern die Aktivität von Entgiftungsenzymen in der Leber und im Darm. Ob und wieweit auch beim Menschen Terpene den Kampf mit dem Krebs aufnehmen, wird derzeit erforscht.

Phytoöstrogene

DIE Japaner schwören auf die Kraft der Phytoöstrogene. Gemeint sind damit Substanzen zum Beispiel im Soja, die dem weiblichen Geschlechtshormon Östrogen sehr ähnlich sind, aber von Pflanzen stammen. Weil in Japan viele Sojaprodukte (Sojasprossen, Sojasauce, Tofu, Miso) gegessen und damit auch viele Phytoöstrogene aufgenommen werden, soll die nachweislich längere Menstruationszeit von Japanerinnen eine Folge der Phytoöstrogene sein. Experten konnten zeigen, daß mehr Phytoöstrogene in der Nahrung das Risiko von Brust- und Dickdarmkrebs minderten. Wenn Sie kein Soja mögen, dann greifen Sie zu Leinsamen. Er hat einen extrem hohen Phytoöstrogengehalt. Aber auch Weizenkleie, Roggen-, Buchweizen- und Hafermehl enthalten den krebsabweisenden Hormondoppelgänger.

Sulfide

HÖHERE Konzentrationen dieser großen Substanzgruppe finden sich vor allem in Zwiebeln, Lauch, Bärlauch und ganz besonders im Knoblauch. Die Sulfide reagieren erst beim Schneiden oder Pressen der Zehe. Dann aber nimmt eine Kaskade von Reaktionen ihren Lauf. Zahlreiche unterschiedliche Substanzen können entstehen, darunter Sulfide, die natürlichen Antibiotika. Sie können zwischen eigenen Darmbakterien und Eindringlingen unterscheiden, kennen keine Resistenzen und gehen gegen Bakterien, aber auch gegen Viren, Pilze und Würmer vor. Gleichzeitig senken Sulfide den Blutdruck und den Cholesterinspiegel, desinfizieren, äußerlich aufgetragen, kleine Wunden, lösen die Verkalkungen in den Arterien und die Blähungen im Darm auf. Der große Nachteil: Sulfide reizen entweder die Augen oder die Nase. Hätte der hochwirksame Knoblauch nicht seinen durchdringenden Geruch, wäre die Knolle wie noch vor Jahrhunderten das beliebteste Heilmittel in jedem Haushalt. Dem Immunsystem helfen vor allem der Knoblauch und die Zwiebel. Sie beugen Magen- und Brustkrebs vor, aktivieren Immunreaktionen und nehmen im Kampf gegen Keime, freie Radikale und Schadstoffe dem Immunsystem viele Aufgaben ab. Beim Kochen von Zwiebeln und Knoblauch verlieren die Enzyme ihre Wirkung, mit deren Hilfe die Knollen erst ihre heilkräftigen Substanzen bilden. Deshalb Knoblauch und Zwiebeln möglichst häufig roh essen.

ZWIEBELN, Knoblauch, Gemüselauch und Bärlauch, sie alle sind botanisch eng verwandt und enthalten auch ähnliche Substanzen. Über die Heilkräfte der Zwiebel und Knoblauchknolle forschen Mediziner seit Jahrtausenden. Genauso lange werden die beiden Knollen gegen Pest und Typhus, Warzen und Abszesse, Geschwüre und Entzündungen verwendet. Bei leichten Herz- und Gefäßerkrankungen, erhöhtem Cholesterinspiegel, mäßigem Bluthochdruck, Magen-Darm-Problemen und auch bei typischen Altersbeschwerden helfen Knoblauch und teilweise auch Zwiebeln sicher und sanft. Allerdings müssen Sie Geduld haben, denn nur selten heilen die beiden Knollen auf die Schnelle. Erst nachdem Sie etliche Wochen lang täglich zwei Knoblauchzehen beziehungsweise Zwiebeln gegessen haben, zeigt sich der erhoffte Erfolg.

ESSEN Sie Knoblauch und Zwiebeln besser nicht auf leeren Magen. Das tut weder dem Magen noch den Knollen gut. Die Magensäure würde sich sofort über die Enzyme in Knoblauch und Zwiebel hermachen und damit die Produktion der gesunden Schwefelsubstanzen stoppen. Aus dem gleichen Grund schaden auch Kochtopf oder Pfanne. Die Hitze würde Enzyme und Heilkraft zerstören.

DEM Bärlauch sagt die Volksmedizin vergleichbare Wirkungen nach, wie sie für den Knoblauch nachgewiesen wurden. Zwar besitzt der Bärlauch ähnliche Substanzen, doch ob er auch so wirkungsvoll und vielseitig die Gesundheit verteidigt, blieb bislang unbewiesen. Einen Vorteil hat der Bärlauch allemal: Nach dem Essen macht sich kein Knoblauchgeruch bemerkbar. Deshalb noch ein Tip zum leidigen Knoblauchgeruch: Ertragen Sie ihn und mit ihm die gerümpften Nasen Ihrer Mitmenschen. Der Knoblauchgeruch besteht aus hochwirksamen Naturarzneistoffen. Er reinigt die Atemwege, bewahrt vor Erkältungen und Halsschmerzen und beweist, daß Ihr gesamter Körper vom Darm über die Blutgefäße bis hin zur Lunge die heilsamen Knoblauchsubstanzen aufgenommen hat. Knoblauchpillen können das natürliche Lebensmittel nicht voll ersetzen. Je nach Herstellungsverfahren der Präparate werden die Knoblauch-Enzyme mehr oder weniger gestoppt. Sie werden erst nach dem Aufschneiden der Knoblauchzehe freigesetzt und bilden aus den Knoblauchsulfiden die heilkräftigen Substanzen. Einen großen Vorteil haben jedoch einige Pillen: Ihr magensaftresistenter Überzug bringt die Wirkstoffe sicher in den Darm.

Schadstoffe – schwere Geschütze gegen das Abwehrsystem

Sie können Ihr Immunsystem wirksam unterstützen, indem Sie den Giften in der Nahrung mit Gemüsebürste, etwas mehr Hygiene und einem prüfenden Blick das Leben schwermachen und ihnen den Weg auf Ihren Teller verwehren.

Nitrat – Nitrit – Nitrosamine

Diese drei Giftstoffe haben viel miteinander zu tun, weil im Körper sich aus Nitrat das Nitrit und aus dem Nitrit die krebserregenden Nitrosamine bilden. Aber auch in unserer Nahrung verbirgt sich jeder dieser drei Stoffe.

Nitrat selbst ist harmlos, erst die Umwandlung in Nitrit macht es gefährlich. Am meisten Nitrat nehmen wir über Gemüse auf. Denn Pflanzen brauchen Nitrat, um daraus Eiweiß zu bilden. An sonnigen Tagen setzen die Pflanzen das Nitrat schnell um. Im Treibhaus kann dieser Prozeß länger dauern. So fiel bei Nitratanalysen das Treibhausgemüse oft als besonders stark belastet auf. Unabhängig von der Anbaumethode nehmen einige Gemüsesorten von Natur aus viel Nitrat auf. Dazu zählen Spinat, Mangold, Feldsalat, Kopfsalat, Radieschen, Rettich und rote Bete. Essen Sie diese Lebensmittel nicht täglich und achten Sie gerade bei diesen Nitratsammlern darauf, daß das Gemüse aus dem Freilandanbau stammt. Wenn Sie dann noch bei Spinat, Mangold und Blattsalaten die nitratreiche Mittelrippe der Blätter wegschneiden, können Sie sich auch diese vitalstoffreichen Gemüsesorten unbesorgt schmecken lassen.

Gefährlich für den Menschen wird das Nitrat erst, wenn es sich in Nitrit umwandelt. Die Reaktion von Nitrat in Nitrit kann in geringem Ausmaß im Körper selbst stattfinden, aber auch im Kochtopf. Jeder weiß, daß Spinat nicht aufgewärmt werden soll. Denn bei Temperaturen etwa zwischen 20 und 50° entwickeln sich bestimmte Bakterien besonders gut, die das Nitrat in Nitrit umwandeln. Diese Nitratumwandler fühlen sich nicht nur beim Aufwärmen wohl, sondern erst recht beim Warmhalten von Spinat. Halten Sie daher nitratreiches Gemüse nicht längere Zeit auf dem Herd warm, das ist gefährlicher, als es erneut aufzuwärmen. Nitrit nehmen Sie aber nicht nur über den aufgewärmten Spinat oder andere Gemüsemahlzeiten auf. Mit Nitritsalzen pökelt der Metzger viele seiner Fleischwaren, um sie zu konservieren und die rote Farbe zu erhalten. Wer darauf verzichten will, kauft entweder Fleischwaren wie Weißwurst oder Bratwürste, die immer ohne Nitritpökelsalz auskommen. Oder er sucht nach einem Bio- oder Naturland-Metzger, der grundsätzlich bei allen Fleischwaren auf Pökelsalz verzichtet.

Das Nitrit selbst wäre ähnlich wie das Nitrat für die meisten von uns noch gar nicht so problematisch. Bei Säuglingen dagegen kann es eine akute, lebensgefährliche Blausucht auslösen, weil deren Hämoglobin anders aufgebaut ist. Diese Gefahr besteht bei größeren Kindern und natürlich erst recht bei Jugendlichen und Erwachsenen nicht. Nitrit kann sich aber im Körper zu gesundheitsgefährdenden Nitrosaminen umwandeln. Meiden Sie deshalb Nitrat und erst recht Nitrit. Und schon gar nicht sollten Sie das Nitrosamin selbst aufnehmen. Nitrosamine haben sich als extrem krebserregend herausgestellt. Deshalb auf keinen Fall gepökeltes Fleisch, also auch kein Kassler, auf den Grill legen oder in der heißen

Pfanne anbraten. Bei den recht hohen Temperaturen kann sich das Nitrit aus dem Pökelsalz mit anderen Stoffen im Fleisch zu Nitrosaminen umsetzen. In einem sanft überbackenen Toast Hawaii ließen sich dagegen trotz des gepökelten Schinkens keine Nitrosamine nachweisen.

Schwermetalle abwaschen oder herausschneiden

Blei, Cadmium und Quecksilber gehören zu den drei häufigsten Schwermetallen. Blei setzt sich meist von außen auf den Lebensmitteln ab, gelangt aber auch wie die anderen Schadstoffe über den Boden ins Innere der Lebensmittel hinein. Im Körper lagern sich die Schwermetalle in Nieren, Leber oder im Knochen ab, können chronische Leber- und Nierenschäden verursachen und belasten die Entgiftungsenzyme des Körpers. Besser, Sie waschen Ihr Gemüse und Obst gründlich ab, dabei hilft Wasser alleine wenig. Erst eine Gemüsebürste kann den feinen Schwermetallstaub entfernen. Bei weichen und empfindlichen Obst- und Gemüsesorten nehmen Sie anstelle der Gemüsebürste ein grobes Baumwolltuch und reiben die Lebensmittel ab. Schon beim Einkaufen können Sie den Schwermetallen ein Schnäppchen schlagen: Tabu sind Obst- und Gemüsestände, die ihre Waren ungeschützt an einer Hauptverkehrsstraße anbieten. Die Schwermetalle im Innern der Lebensmittel können Sie reduzieren, wenn Sie bei Blattgemüse die dicken Mittelrippen herausschneiden, weil sich darin Schwermetalle anreichern. Außerdem können Ballaststoffe die Schwermetalle noch im Darm entsorgen. Sie binden sich so fest an die schwere Last, daß sie vom Darm nicht aufgenommen, sondern ausgeschieden wird.

Aflatoxine und Benzpyrene müssen nicht sein

Ihre Namen klingen nach Chemie und Industrie, aber es sind Gifte, die in der Küche entstehen. Aflatoxine gehören zu den gefährlichen Schimmelgiften, die die Leber belasten und Krebs auslösen können. Gegen Schimmel auf Brot und Käse helfen ein sauberer, öfters mit Essig ausgewischter Brotschrank und immer wieder frische Folie beim Käse, damit eine Schimmelsorte nicht sofort alle Käsestücke infiziert. Das wichtigste ist Ihr wachsamer Blick, besonders bei Nüssen. Deren Schimmelpilze sind besonders giftig. Vermeiden Sie jedes Risiko, und schmeißen Sie sämtliche Nüsse eines Beutels weg, wenn Sie auch nur bei einer Nuß den Schimmel entdeckt haben. Denn Schimmelgifte entwickeln sich, bevor der Schimmel sichtbar wird. Ebenso raten Experten, schimmeliges Obst und Weichkäse als Ganzes in den Müll zu geben. Nur bei der Marmelade mit über 50 Prozent Zucker können Sie sehr großzügig die Schimmelstellen abheben. Auch bei Brot und Hartkäse dürfen Sie den Schimmel weiträumig abschneiden. In zuckerreicher Marmelade und trockenen Lebensmitteln können Schimmelgifte nicht wandern.

Benzpyrene entstehen auf dem Grill. Wenn das heiße Fett von Koteletts und Würsten in die Glut tropft, bilden sich Benzpyrene, die als krebserregend gelten. Sie lassen sich mit dem Rauch wieder auf dem Grillgut nieder. Wenn Sie sich gemütliche Grillrunden mit den Gedanken an giftige Würstchen nicht vermiesen wollen, legen Sie zwischen Fleisch und Grillrost eine Alufolie. Dann kann kein Fett in die Glut tropfen, und Fleisch und Würstchen werden auch nicht von dampfenden Rauchschwaden mit giftigen Stoffen umnebelt.

Keine Chance für Krankheitskeime in Lebensmitteln

Krankheitskeime in Lebensmitteln gibt es viele, in den letzten Jahren machten aber vor allem die Salmonellen, die EHEC-Bakterien und die BSE-Erkrankungen der Rinder auf sich aufmerksam. Salmonellen finden sich in Eiern und im Geflügel. Doch nur der unhygienische Umgang macht einen Geflügelsalat oder eine Mayonnaise aus rohen Eiern zu Bakterien-Brutstätten.

Temperaturen von über 70°C töten in 10 Minuten Salmonellen wirkungsvoll ab. Ein durchgegartes Geflügel kann also keine Salmonellen mehr in den Geflügelsalat bringen. Aber das Abtauwasser des Hähnchens auf dem Holzbrett! Erst liegt das aufgetaute Hähnchen auf dem Brett, dann werden sofort die Eier und die übrigen Salatzutaten darauf geschnitten, und die Salmonellenfracht gelangt in den Salat. Deshalb Geflügel immer getrennt von anderen Lebensmitteln zubereiten, mit heißem Wasser abspülen, auch Bretter, Geschirr und Messer heiß spülen und die eigenen Hände nicht vergessen. Bei kleinen Wunden Gummihandschuhe tragen. Auch die selbstgemachte Mayonnaise aus rohen Eiern birgt eigentlich keine Gefahren, da sich Salmonellen in Eiern kaum vermehren, zumindest nicht in frischen oder gekühlten Eiern. Doch außerhalb des Eies vermehren sich Salmonellen rasend schnell, selbst bei normaler Raumtemperatur und erst recht in der Sonne. Wird die Mayonnaise – und genauso gilt das für alle anderen Speisen aus rohen Eiern – nicht im Kühlschrank gelagert, dann verdoppelt sich in acht Minuten die Zahl der Salmonellen. Nach drei Stunden ohne Kühlung sind aus einer fast 17 Millionen Salmonellen entstanden. Dem kann das beste Immunsystem nur beikommen, nachdem mit heftigem Durchfall und Erbrechen die meisten Salmonellen auf schnellstem Wege wieder herausbefördert wurden.

EHEC-Bakterien gelten neben den Salmonellen als eine weitere Infektionsgefahr. Sie kommen vor allem in rohem Fleisch, Rohwurst und Rohmilch vor. Sie führen zu Durchfällen, Bauchkrämpfen und Erbrechen. Nach der Infektion kann es vor allem bei Kindern oder älteren Menschen zu schweren Nierenschäden und Störungen von Nerven, Herz, Kreislauf oder Bauchspeicheldrüse kommen. Das tückische an den EHEC-Infektion: Schon wenige Keime reichen aus, um diese schweren Folgen auszulösen. Die EHEC-Bakterien und deren Gifte können Temperaturen von 70°C nicht überleben. Daher sollten Kinder, Schwangere, Immungeschwächte und ältere Menschen auf rohes Fleisch, Rohmilch und Rohmilchkäse besser verzichten. Bevor nicht einmal wissenschaftlich geklärt ist, wie der Erreger der Rinderseuche BSE aussieht und wie BSE übertragen wird, kann niemand ausschließen, daß BSE bei Rindern nicht zur tötlichen Creutzfeld-Jacob-Krankheit beim Menschen führt. Jedoch tritt diese Erkrankung so selten auf, daß es für Panik keinen Grund gibt. Jeder sollte sich über die Herkunft seines Rindfleisches beim Metzger und auch im Restaurant oder in der Kantine genau informieren: Die Bauern, die kein Tiermehl verfüttern und die ihre Tiere aus BSE-freien Beständen haben, bürgen für größtmögliche Sicherheit.

FRÜHSTÜCK UND DRINKS*

*

Ein guter Start in den Morgen – einem Kaiser gemäß, wie schon ein altes Sprichwort sagt – ist das A und O für Leistungsfähigkeit und Ausdauer. Vollkorngetreide, Beeren und Zitrusfrüchte bringen nicht nur Ihr Immunsystem auf Trab, sondern sorgen allgemein für körperliches Wohlbefinden. Für den kleinen Hunger an heißen Tagen oder wenn es mal schnell gehen muß, können Sie das Frühstück auch einmal durch einen der Drinks ersetzen. Und wer Brötchen und Brot selber bäckt, hat nicht nur wunderbare Wohlgerüche im Haus, sondern auch eine Attraktion für das Sonntagsfrühstück, eine köstliche Beilage oder auch Grundlage für das Pausenbrot der Kinder.

Nuß-Haferflockenmüsli mit Apfelwürfeln

preiswert • gelingt leicht

Für 4 Personen

2 säuerliche Äpfel (etwa 400 g)
1 EL Zitronensaft · 1/2 TL Zimt
2–3 EL Ahornsirup
50 g gemischte Nüsse und Kerne (z. B. Sonnenblumenkerne, Walnüsse, Mandeln und Pistazien)
1 EL Butter
150 g Haferflocken · 4–8 EL Joghurt

Zubereitungszeit: 15 Min.

Pro Person etwa: 8 g E/ 13 g F/ 42 g KH
315 kcal

Äpfel sehr gut waschen und vierteln. Vom Kerngehäuse befreien und in sehr kleine Würfel schneiden. Mit Zitronensaft, Zimt und 1 EL Ahornsirup mischen.

Nüsse und Kerne mit einem schweren Messer hacken. Butter in einer beschichteten Pfanne erhitzen. Haferflocken und Nüsse darin unter Rühren 3–4 Min. rösten. Dann mit dem restlichen Ahornsirup süßen, mit den Äpfeln in Schälchen mischen und mit je 1–2 EL Joghurt bedecken.

Frischkornmüsli mit Beeren

gut vorzubereiten • sommerlich

Für 4 Personen

100 g Dinkelkörner
2–3 getrocknete Aprikosen · 500 g Joghurt
400 g gemischte Beeren (wie Himbeeren, schwarze Johannisbeeren, Heidelbeeren und Brombeeren)
1 TL echte Vanille · 1 TL Zitronensaft
etwa 2 EL Ahornsirup oder Apfeldicksaft

Zubereitungszeit: 10 Min. (+ Quellzeit über Nacht)

Pro Person etwa: 12 g E/ 2 g F/ 69 g KH
365 kcal

Getreidekörner in der Getreidemühle grob schroten. Aprikosen in sehr kleine Würfel schneiden. Beides mit dem Joghurt mischen und über Nacht in den Kühlschrank stellen.

Am nächsten Morgen die Beeren verlesen, eventuell ganz vorsichtig waschen und abtropfen lassen. Mit Vanille, Zitronensaft und Ahornsirup oder Dicksaft mischen.

Frischkornmüsli nochmals leicht durchrühren, in Schälchen verteilen und mit den Beeren bedecken.

Hirsemüsli mit Feigen und Zitronenjoghurt

für den Sonntag • raffiniert

Für 4–6 Personen

4 getrocknete Feigen · 150 g Hirsekörner
1 EL Mandelblättchen
6–8 frische Feigen
1 unbehandelte Zitrone · 400 g Joghurt
2 EL Honig · 1/2 TL echte gemahlene Vanille
1 EL Mandelmus
Zitronenmelisse zum Garnieren

Zubereitungszeit: 15 Min.
(+ Quellzeit über Nacht)

Bei 6 Portionen pro Person etwa:
7 g E/ 3 g F
50 g KH/ 225 kcal

Getrocknete Feigen in sehr kleine Würfel schneiden. Hirse in einem Sieb gründlich kalt abspülen und abtropfen lassen, dann mit den Feigenwürfeln und 300 ml Wasser in einem Topf 1 Min. kochen lassen. Dann auf der abgeschalteten Kochstelle abkühlen lassen, in eine Schüssel füllen und im Kühlschrank über Nacht quellen lassen.

Am nächsten Morgen die Mandelblättchen in einer trockenen Pfanne unter Rühren bei mittlerer Hitze goldbraun rösten. Frische Feigen waschen und vierteln. Nur falls die Haut sehr dick ist, die Feigen auch schälen.

Zitrone heiß waschen, die Schale fein abreiben, die Zitrone dann schälen und das Fruchtfleisch in sehr kleine Würfel schneiden. Schale und Fruchtstücke mit dem Joghurt, dem Honig und der Vanille mischen.

Hirse gut durchrühren, mit dem Mandelmus mischen und in flache Schälchen verteilen. Feigen darauf legen, mit dem Zitronenjoghurt überziehen und mit Mandelblättchen und Melisseblättchen garnieren.

Schnelles Fruchtpüree

gelingt leicht • im Bild rechts

Für 4 Personen

250 g vollreife Aprikosen, Nektarinen, Zwetschgen oder Bananen
2 TL Zitronensaft
etwa 2 EL fester Honig oder Ahornsirup
2 TL Pistazienkerne
4 Scheiben Vollkornbrot
4 EL Quark

Zubereitungszeit: 15 Min.

Pro Person etwa: 5 g E/ 2 g F/ 28 g KH
150 kcal

Früchte waschen und abtrocknen. Aprikosen, Nektarinen oder Zwetschgen halbieren, entsteinen und grob zerkleinern. Oder Bananen schälen und in Stücke schneiden.

Die Früchte mit dem Zitronensaft und 1 1/2 EL Honig oder Ahornsirup im Mixer zu einer feinen Paste pürieren. Eventuell noch mit etwas Zitronensaft, übrigem Honig oder Ahornsirup abschmecken.

Pistazienkerne in feine Scheiben hobeln oder fein hacken.

Brote mit Quark bestreichen, Fruchtcreme darauf verteilen und mit Pistazien bestreuen.

Nuß-Joghurt-Creme

gut vorzubereiten • im Bild links

Für 4 Personen

50 g Haselnüsse, Mandeln oder Walnußkerne
1 EL Nußmus (passend zu den Nußkernen)
100 g fester Joghurt
1 EL Kakaopulver
1–2 EL Ahornsirup
1/4 TL abgeriebene unbehandelte Zitronenschale
1 Prise Zimt

Zubereitungszeit: 5 Min.

Pro Person etwa: 4 g E/ 9 g F/ 7 g KH
125 kcal

Nüsse grob zerkleinern und mit dem Nußmus im Mixer fein pürieren.

Das Nußpüree mit dem Joghurt, dem Kakao, dem Ahornsirup nach Geschmack, der Zitronenschale und dem Zimt mischen. Es schmeckt besonders gut auf lockeren Dinkelbrötchen.

Dinkel-Walnuß-Baguette

gelingt leicht • für Gäste

Für 1 Baguette

500 g Dinkelvollkornmehl
1/4 l Milch
1 Würfel frische Hefe (42 g)
1 TL Honig
Salz · 75 g Walnußkerne
Fett für das Backblech

Zubereitungszeit: 20 Min. (+ 1 1/4–1 1/2 Std. Gehzeit + 35 Min. Backzeit)

Bei 20 Scheiben pro Stück etwa: 4 g E/ 3 g F
17 g KH/ 125 kcal

Im Mehl eine Mulde formen. Milch mit etwa 1/8 l Wasser lauwarm erwärmen.

Hefe zerkrümeln, mit Honig und etwas Flüssigkeit verrühren, in der Mulde 15 Min. gehen lassen. Restliche Flüssigkeit und 1 TL Salz dazugeben und zu einem nicht zu festen Teig verkneten. An einem warmen Ort 45–60 Min. gehen lassen.

Walnusskerne grob zerbrechen und unterkneten. Teig zu einem etwa 40 cm langen Brot formen und auf einem gefetteten Backblech noch etwa 15 Min. gehen lassen.

Backofen auf 180° vorheizen. Brot mehrmals schräg einschneiden und mit kaltem Wasser bepinseln. Im Ofen (Mitte, Umluft 160°) etwa 35 Min. backen.

Linsen-Kohlrabi-Aufstrich

gut vorzubereiten • preiswert

Für 8 Personen

100 g braune Linsen
1 kleinerer Kohlrabi (etwa 250 g)
1 EL Sesam- oder Haselnußmus
1 EL Joghurt oder saure Sahne
1–2 TL Zitronensaft · Salz · Pfeffer
1/2 TL gemahlener Kümmel

Zubereitungszeit: 15 Min. (+ 30–40 Min. Kochzeit)

Pro Person etwa: 4 g E/ 2 g F/ 8 g KH
60 kcal

Linsen in einem Topf von Wasser bedeckt zum Kochen bringen und zugedeckt bei mittlerer Hitze in 30–40 Min. schön weich kochen. Abgießen und abkühlen lassen.

Kohlrabi schälen und in kleine Würfel schneiden.

Linsen mit Kohlrabi in der Küchenmaschine fein zerkleinern. Sesam- oder Nußmus und Joghurt oder saure Sahne untermischen und den Aufstrich mit Zitronensaft, Salz, Pfeffer und Kümmel abschmecken.

Buchweizen-Buttermilch-Brötchen mit Kräutern

gut vorzubereiten • würzig

Für 10 Brötchen

150 g Buchweizenmehl
300 g Dinkelvollkornmehl
Salz
300 g Buttermilch
1/2 Päckchen frische Hefe (etwa 20 g)
etwa 10 Blättchen frischer Salbei
2–4 Zweige frischer Majoran
2 EL Sonnenblumenkerne
Fett für das Backblech

Zubereitungszeit: 45 Min. (+ Gehzeit über Nacht)

Pro Stück etwa: 8 g E/ 2 g F/ 32 g KH
180 kcal

Beide Mehlsorten mit 1 kräftigen Prise Salz in einer Schüssel mischen, in der Mitte eine Mulde formen. Buttermilch lauwarm erwärmen.

Hefe zerkrümeln und in etwas Buttermilch anrühren. In die Mulde geben und 15 Min. gehen lassen.

Dann die restliche Buttermilch untermengen. Falls der Teig zu fest ist, noch etwas lauwarmes Wasser dazugeben. Teig zugedeckt über Nacht in den Kühlschrank stellen.

Am nächsten Tag die Kräuter waschen, von den groben Stielen befreien und fein hacken. Mit den Sonnenblumenkernen unter den Hefeteig mischen. Den Teig zu 10 Kugeln formen, jeweils etwas flach drücken und auf ein gefettetes Backblech legen. Zugedeckt nochmals etwa 15 Min. gehen lassen.

Backofen auf 200° vorheizen. Brötchen mit einem Messer kreuzweise einschneiden, mit kaltem Wasser bepinseln und im heißen Ofen (Mitte, Umluft 180°) etwa 25 Min. backen. Dabei noch ein- bis zweimal mit Wasser bepinseln. Brötchen auf einem Gitter abkühlen lassen.

Scharfer Tomaten-Kräuter-Drink

erfrischend • schnell

Für 4 Personen

1 frische rote Chilischote
1 kleine rote Zwiebel
400 g saftige Tomaten
je einige Zweige Basilikum, Petersilie und Dill
je einige Blättchen Minze und Zitronenmelisse
2 EL Joghurt
Salz
1 TL Honig
1/8 l Mineralwasser

Zubereitungszeit: 15 Min.

Pro Person etwa: 3 g E/ 1 g F/ 10 g KH
55 kcal

Chilischote waschen, vom Stielansatz und den Kernen befreien, eventuell nochmals kalt abspülen und grob hacken. Die Zwiebel schälen und fein würfeln. Tomaten waschen und würfeln, dabei den Stielansatz herausschneiden.

Tomatenwürfel mit Chillie und Zwiebel im Mixer fein pürieren.

Kräuter waschen, einige Blättchen zum Garnieren beiseite legen, den Rest fein hacken. Gehackte Kräuter mit dem Joghurt unter das Tomatenpüree mischen, mit Salz und Honig abschmecken und mit Mineralwasser auffüllen.

Tomatendrink in hohe Gläser füllen und mit den Kräuterblättchen garniert möglichst rasch servieren.

Tip! Wer möchte, gibt jeweils noch einen Klecks Joghurt auf den Drink. Und: Wenn der Drink noch nicht scharf genug ist, kann man mit Tabasco nachwürzen.

Kräuter-Ricotta auf Tomaten

gelingt leicht • schnell

Für 4 Personen

1 Bund gemischte Kräuter (z. B. Zitronenmelisse, Dill, Schnittlauch, Rucola, Petersilie, Liebstöckel und Borretsch)
1 Frühlingszwiebel
150 g Ricotta
1 EL Sahne
Salz · schwarzer Pfeffer
200 g nicht zu kleine Cocktailtomaten
4 Scheiben Vollkornbrot

Zubereitungszeit: 20 Min.

Pro Person etwa: 8 g E/ 7 g F/ 16 g KH
160 kcal

Kräuter waschen, trockentupfen, von den groben Stielen befreien und sehr fein hacken. Frühlingszwiebel waschen, putzen und ebenfalls sehr fein zerkleinern.

Ricotta mit Kräutern, Frühlingszwiebel und Sahne mischen und mit Salz und Pfeffer abschmecken.

Tomaten waschen und halbieren. Jeweils mit etwas Kräuter-Ricotta bedecken und mit Vollkornbrot servieren.

Möhren-Apfel-Drink

gelingt leicht • vitaminreich im Winter

Für 4 Personen

300 g Möhren
2 Äpfel (etwa 300 g)
300 g flüssiger Joghurt
1 EL ungesalzene Pistazienkerne
250–300 ml Mineralwasser
1 EL Zitronensaft
1–2 EL Honig
1 Prise Zimt

Zubereitungszeit: 15 Min.

Pro Person etwa: 4 g E/ 1 g F/ 20 g KH
100 kcal

Möhren schälen und in grobe Würfel teilen. Äpfel sehr gut waschen oder dünn schälen und vierteln. Vom Kerngehäuse befreien. Ein Viertel beiseite legen, den Rest ebenfalls grob würfeln.
Möhren und Äpfel mit dem Joghurt und den Pistazien im Mixer fein zerkleinern. Mit Mineralwasser auffüllen und mit dem Zitronensaft und dem Honig abschmecken.
Das übrige Apfelviertel in winzige Würfel schneiden und mit Zimt mischen. Den Drink in Gläser füllen und mit den Apfelwürfeln bestreut servieren.

Beeren-Buttermilch

sommerlich • schnell

Für 4 Personen

600 g Beeren (Himbeeren, schwarze Johannisbeeren, Stachelbeeren)
1 Vanilleschote
1–2 EL flüssiger Honig
2 TL Zitronensaft
500 g Buttermilch

Zubereitungszeit: 10 Min.

Pro Person etwa: 6 g E/ 1 g F/ 28 g KH
145 kcal

Alle Beeren verlesen und eventuell vorsichtig waschen. Vanilleschote der Länge nach aufschlitzen, das Mark herauskratzen.
Beeren mit Vanillemark, Honig, Zitronensaft und Buttermilch in den Mixer geben und fein zerkleinern.
Eventuell durch ein Sieb streichen, um die Kerne zu entfernen. Nach Wunsch noch etwas nachsüßen, in Gläser füllen und servieren.

VORSPEISEN UND SUPPEN*

*

WAS wäre ein gemütlicher Abend mit der Familie oder mit Freunden ohne ein schönes Essen. Und das ist, wie so vieles im Leben, erst durch die passende Ouvertüre ein echter Genuß. Ob Carpaccio aus Gemüse oder Fisch, marinierte Paprikaschoten oder Zwiebeln, für jeden Geschmack und Anlaß finden Sie hier Vitaminreiches und Farbenfrohes für den gesunden Einstieg.

WENN es draußen so richtig knackig kalt ist, können Sie das Mahl gut auch einmal mit einer wohltuend heißen Suppe starten, die darüber hinaus – in etwas erhöhter Menge –, ein komplettes Hauptgericht ersetzen kann.

Rote-Bete-Carpaccio mit Apfel

gelingt leicht • schnell

Für 4 Personen

2 junge rote Beten (je etwa 150 g)
1 großer säuerlicher Apfel (etwa 220 g)
1 großes Bund Schnittlauch
2 TL geriebener Meerrettich (frisch oder aus dem Glas)
2 EL Zitronensaft · 4 EL Leinöl
Salz · schwarzer Pfeffer

Zubereitungszeit: 20 Min.

Pro Person etwa: 2 g E/ 9 g F/ 15 g KH
140 kcal

Rote Beten mit dem Sparschäler schälen und mit dem Gurkenhobel in dünne Scheiben teilen. Überlappend auf vier flachen Tellern auslegen.

Apfel gut waschen, vierteln, vom Kerngehäuse befreien und fein würfeln. Schnittlauch waschen und in feine Röllchen schneiden.

Meerrettich mit Zitronensaft, Leinöl und 2–3 EL Wasser verrühren, salzen und pfeffern. Die Apfelwürfel und die Schnittlauchröllchen untermischen.

Vinaigrette auf den rote Betenscheiben verteilen. Mit Vollkornbaguette servieren.

Kohlrabi-Carpaccio mit Rucola

preiswert • kalorienarm

Für 4 Personen

2 junge Kohlrabi
100 g ganz frische Champignons oder Egerlinge
1 Bund Rucola
1 unbehandelte Zitrone · 1 EL saure Sahne
6 EL Gemüsebrühe · 1 TL scharfer Senf
Salz · schwarzer Pfeffer
2 EL Olivenöl · 1 EL Sonnenblumenkerne

Zubereitungszeit: 20 Min.

Pro Person etwa: 3 g E/ 6 g F/ 7 g KH
85 kcal

Kohlrabi schälen und mit dem Gurkenhobel in feine Scheiben hobeln. Auf Tellern auslegen.

Pilze putzen und in feine Scheiben schneiden. Auf dem Kohlrabi verteilen. Rucola waschen, trockenschwenken und fein zerkleinern. Zitrone waschen, einige Schalenstreifen ablösen. Eine Hälfte auspressen.

Zitronensaft mit saurer Sahne, Gemüsebrühe, Senf, Salz, Pfeffer und Öl gut verrühren. Rucola untermischen. Auf dem Kohlrabi und den Pilzen verteilen, mit Zitronenschale und Sonnenblumenkernen bestreuen.

Zweierlei Fisch-Carpaccio

raffiniert • für Gäste

Für 4 Personen

Für das Lachs-Carpaccio:
1 junge Fenchelknolle
1 unbehandelte Zitrone
1 TL Fenchelsamen
1 Stück frischer Lachs (etwa 200 g)
2–3 EL Olivenöl
Salz · Pfeffer

Für das Thunfisch-Carpaccio:
1 kleines Stück Rettich
1 Limette
1 Stück frischer Ingwer (etwa 1 cm)
1 Stück frischer Thunfisch (etwa 200 g)
2 EL Sojaöl
Salz
1 Prise gemahlener Koriander

Zubereitungszeit: 30 Min.

Pro Person etwa: 35 g E/ 23 g F/ 8 g KH
320 kcal

Für das Lachs-Carpaccio den Fenchel waschen, putzen und der Länge nach vierteln. Dann mit dem Gurkenhobel in sehr feine Scheiben hobeln. Die Zitrone heiß waschen und abtrocknen, die Schale fein abreiben. Die Fenchelsamen im Mörser zerdrücken.

Den Lachs mit einer Pinzette von allen Gräten befreien und mit einem biegsamen, sehr scharfen Messer leicht schräg in möglichst dünne Scheiben schneiden.

Einen Servierteller mit der Hälfte vom Öl bepinseln. Den Lachs und den Fenchel abwechselnd dachziegelartig darauf anrichten.

Restliches Öl mit Salz, Pfeffer, Zitronenschale und Fenchelsamen verrühren und über die Zutaten auf dem Teller verteilen. Zitrone in Schnitze schneiden und dazulegen.

Für das Thunfisch-Carpaccio den Rettich schälen und zuerst in dünne Scheiben, dann in feine Streifen schneiden. Die Limette schälen und in feine Würfel schneiden, dabei die Kerne entfernen. Den Ingwer schälen und fein reiben.

Thunfisch wie den Lachs in sehr feine Scheiben schneiden und auf einem Teller verteilen. Rettich, Limettenwürfel und Ingwer mit dem Öl mischen, mit Salz und Koriander würzen und auf dem Thunfisch verteilen. Rasch servieren.

Spargel mit Lachs und Tomaten

raffiniert • für Gäste

Für 4 Personen

500 g weißer Spargel
Salz
2 Tomaten
200 g Lachsfilet
1 unbehandelte Zitrone
1 Bund Basilikum
1 Bund Rucola
100 g Löwenzahnblätter
weißer Pfeffer
2 EL Olivenöl

Zubereitungszeit: 30 Min.

Pro Person etwa: 14 g E/ 11 g F/ 10 g KH
190 kcal

Spargel waschen, von den Enden befreien und von oben nach unten gründlich schälen. In Stücke von 4–5 cm Länge schneiden, die Spitzen beiseite legen. In einem weiten Topf 3–4 cm hoch Salzwasser zum Kochen bringen. Spargelstücke darin 5 Min. zugedeckt kochen, Spitzen dazugeben und weitere 5 Min. kochen. Abgießen, den Sud aufheben.

Inzwischen Tomaten waschen und würfeln. Lachs in Würfel schneiden. Zitrone heiß waschen, eine Hälfte in Scheiben schneiden, die andere auspressen. Zitronenscheiben in einen Topf geben, 2 cm hoch mit Spargelsud bedecken und zum Kochen bringen. Lachs einlegen und auf der abgeschalteten Platte zugedeckt 2–3 Min. darin ziehen lassen. Das Basilikum waschen, die Blättchen in Streifen schneiden.

Rucola und Löwenzahn waschen, trockenschwenken und vier Teller damit auslegen.

Für das Dressing Zitronensaft mit Salz und Pfeffer verrühren. 2 EL Spargelsud und das Öl unterschlagen.

Lachs abgetropft mit Spargel, Basilikum und Tomaten mischen und auf den Kräuterblättern anrichten. Mit dem Dressing beträufeln.

Knoblauchtomaten mit Brotwürfeln

schmecken lauwarm oder kalt

Für 4 Personen

4 vollreife Tomaten · 4 Knoblauchzehen
je 1/2 Bund Petersilie und Basilikum
2 TL grüne Pfefferkörner
2 dünne Scheiben Vollkornbrot (etwa 40 g)
1 EL Pinienkerne
abgeriebene Schale von 1/2 unbehandelten Zitrone
2 EL Olivenöl · Salz · schwarzer Pfeffer
2 EL frisch geriebener Parmesan

Zubereitungszeit: 35 Min.
Pro Person etwa: 4 g E/ 7 g F/ 8 g KH
110 kcal

Tomaten waschen, halbieren und in eine feuerfeste Form legen. Knoblauch schälen und durchpressen. Kräuter waschen und mit Pfefferkörnern fein hacken.
Backofen auf 220° vorheizen. Brot in winzig kleine Würfel schneiden. Pinienkerne grob hacken. Beides mit Knoblauch, Kräutern, Pfefferkörnern, Zitronenschale und Olivenöl mischen und mit Salz und Pfeffer würzen.
Auf den Tomaten verteilen und mit Käse bestreuen. Tomaten im Ofen (Umluft 200°) 15 Min. backen.

Gemüsecrostini

preiswert • fettarm

Für 4 Personen

120 g gemischtes Gemüse (Möhren, Zucchino und Frühlingszwiebeln)
1 Knoblauchzehe
1/2 Bund Basilikum · 50 g Ricotta
Salz · schwarzer Pfeffer
4 größere dünne Brotscheiben

Zubereitungszeit: 20 Min.
Pro Person etwa: 4 g E/ 2 g F/ 11 g KH
85 kcal

Backofen auf 250° (Umluft 225°) vorheizen. Gemüse waschen oder schälen und sehr fein würfeln oder in der Küchenmaschine zerkleinern.
Knoblauch schälen und durchpressen, Basilikum waschen, die Blättchen in Streifen schneiden. Beides mit Gemüse und Ricotta mischen, salzen, pfeffern und auf den Broten verstreichen.
Auf dem Backblech im heißen Ofen (Umluft 200°) 5 Min. backen, bis sie heiß und gebräunt sind. Dazu schmeckt Blattsalat.

Gedämpfte Fischwürfel mit lauwarmem Lauchsalat

raffiniert • für Gäste

Für 4 Personen

500 g junge Lauchstangen
300 g festes Fischfilet (z. B. Kabeljau, Lachs oder Seeteufel)
Salz · schwarzer Pfeffer
1 unbehandelte Zitrone
1 Bund Basilikum
2 Knoblauchzehen
1/4 l Gemüsebrühe
1 Lorbeerblatt
2 Gewürznelken
2 Wacholderbeeren
1 EL Mandelblättchen
2 getrocknete in Öl eingelegte Tomaten
1 EL Kapern
2 EL Rapsöl
4 Blätter Romanasalat
8 Cocktailtomaten

Zubereitungszeit: 35 Min.

Pro Person etwa: 21 g E/ 7 g F/ 27 g KH
235 kcal

Lauch waschen, putzen und in 2 cm lange Stücke schneiden. Fisch trockentupfen, würfeln, salzen und pfeffern.

Zitrone heiß waschen und abtrocknen. Schale abschneiden und in einen Topf geben. Zitrone halbieren, eine Hälfte auspressen, die andere schälen und sehr klein würfeln. Vom Zitronensaft 1 EL über den Fisch träufeln.

Basilikum waschen, Blättchen abzupfen und beiseite legen, Stiele ebenfalls in den Topf geben. Knoblauch halbieren und hinzufügen. Brühe, Lorbeerblatt, Nelken und Wacholderbeeren dazugeben und alles zum Kochen bringen.

Lauch im Dämpfeinsatz über den heißen Wasserdampf stellen. Zugedeckt bei starker Hitze in 10 Min. bißfest dämpfen.

Inzwischen Basilikumblätter in Streifen schneiden. Mandelblättchen ohne Fett goldgelb rösten. Getrocknete Tomaten würfeln. Mit Kapern, übrigem Zitronensaft, Zitronenwürfeln, Basilikum und Öl mischen, salzen und pfeffern.

Lauch mit Marinade und 2–3 EL vom Kochsud mischen. Die Fischwürfel im Dämpfeinsatz über dem heißen Dampf 2 Min. garen.

Romanasalat waschen, halbieren und auf Teller legen. Die Tomaten waschen, halbieren und obenauflegen.

Lauchsalat darauf anrichten. Fischwürfel daneben verteilen und mit Mandelblättchen bestreut sofort servieren.

Avocadospalten mit Tomaten-Orangen-Dressing

schnell • raffiniert

FÜR 4 PERSONEN

2 Tomaten
1 große fleischige Orange
1 Bund Petersilie
1 Knoblauchzehe
1/2 Zitrone
Salz
schwarzer Pfeffer
2 EL Leinöl
2 TL kleine Kapern
2 vollreife Avocados
Schnittlauch zum Garnieren

ZUBEREITUNGSZEIT: 20 MIN.

Pro Person etwa: 10 g E/ 32 g F/ 4 g KH
340 kcal

TOMATEN waschen und sehr klein würfeln, dabei die Stielansätze entfernen. Die Orange so schälen, daß auch die dünne Haut mit entfernt wird. Die Filets aus den Trennwänden herauslösen. Den Saft dabei auffangen.

PETERSILIE waschen, Blättchen abzupfen und sehr fein hacken. Knoblauch schälen und durch die Presse drücken. Zitronenhälfte auspressen.

DEN aufgefangenen Orangensaft mit Zitronensaft, Knoblauch, Salz und Pfeffer verrühren. Öl unterschlagen. Die Petersilie und die Kapern untermischen.

AVOCADOS der Länge nach halbieren, vom Kern befreien und die Schale abziehen oder abschälen. Die Avocados der Länge nach in schmale Spalten schneiden.

AVOCADOS auf Tellern auslegen und mit den Orangenfilets und Tomatenwürfeln bestreuen. Die Sauce gleichmäßig darüber verteilen. Mit Schnittlauch garniert servieren.

Marinierte Augenbohnen auf Kräutersalat

gut vorzubereiten • für Gäste

FÜR 4 PERSONEN

150 g getrocknete (Schwarz-) Augenbohnen
5–6 Zweige frische Minze
1 Lorbeerblatt
1 Stange Lauch
2 EL Zitronensaft
2–3 EL Olivenöl
Salz · schwarzer Pfeffer
1 Bund Rucola
1/2 Bund Petersilie
1 Bund gemischte Kräuter
1 Tomate

ZUBEREITUNGSZEIT: 30 MIN.
(+ QUELLZEIT ÜBER NACHT
+ 1 STD. GARZEIT)

Pro Person etwa: 10 g E/ 7 g F/ 20 g KH
180 kcal

BOHNEN in einer Schüssel mit Wasser bedecken und über Nacht quellen lassen. Dann mit dem Einweichwasser in einen Topf geben. 2 Zweige Minze waschen und mit dem Lorbeerblatt zu den Bohnen geben.

BOHNEN zum Kochen bringen und zugedeckt bei mittlerer Hitze in 1 Std. weich, aber nicht zu weich kochen.

INZWISCHEN den Lauch putzen, waschen und mit dem zarten Grün in 1/2 cm dicke Scheiben schneiden. Die letzten 5 Min. mit den Bohnen kochen.

BOHNEN abtropfen und leicht abkühlen lassen. Dann mit dem Zitronensaft und Olivenöl mischen und mit Salz und Pfeffer abschmecken. Lauwarm abkühlen lassen.

RUCOLA und Kräuter sowie die übrige Minze waschen, trockenschwenken und von den groben Stielen befreien. Größere Blätter kleiner zupfen. Tomate waschen und würfeln.

KRÄUTER und Tomate mischen und auf Tellern auslegen, salzen und pfeffern. Die Bohnen auf der Kräutermischung verteilen und servieren.

Marinierte Zwiebeln mit Kräutercrostini

gut vorzubereiten • raffiniert

Für 4 Personen

Für die Zwiebeln:
500 g kleinere rote Zwiebeln
1 unbehandelte Zitrone
2 EL Olivenöl · 4 EL Aceto balsamico
50 ml trockener Rotwein (ersatzweise Gemüsebrühe)
1 EL Ahornsirup
Salz · schwarzer Pfeffer
Für die Crostini:
50 g gemischte Kräuter (Basilikum, Rucola, Schnittlauch und Borretsch)
1 EL Kapern
2 getrocknete in Öl eingelegte Tomaten
2 Knoblauchzehen
1 TL Zitronensaft
2 EL Olivenöl
Salz · schwarzer Pfeffer
8 dünne Scheiben Vollkornbaguette

Zubereitungszeit: 45 Min.
(+ 8 Std. Marinierzeit)

Pro Person etwa: 9 g E/ 9 g F/ 56 g KH
325 kcal

Zwiebeln schälen und der Länge nach vierteln. Zitrone waschen, die Schale spiralförmig abschneiden. Eine Zitronenhälfte auspressen.

Öl in einem Topf erhitzen. Zwiebeln darin unter Rühren bei mittlerer Hitze andünsten. Zitronensaft, Aceto balsamico, Rotwein und 50 ml Wasser angießen. Die Zwiebeln mit Zitronenschale, Ahornsirup, Salz und Pfeffer würzen und zugedeckt bei mittlerer Hitze etwa 10 Min. garen.

Zwiebelmischung in eine Schüssel geben und erkalten lassen. Zugedeckt bei Zimmertemperatur mindestens 8 Std. marinieren. Dabei mehrmals durchrühren.

Dann für die Crostini die Kräuter waschen, von den groben Stielen befreien und sehr fein hacken. Kapern und Tomaten ebenfalls sehr fein zerkleinern. Knoblauchzehen schälen und durchpressen.

Kräuter, Kapern, Tomaten und Knoblauch mit Zitronensaft und Olivenöl mischen und mit Salz und Pfeffer abschmecken.

Brote im Toaster oder im Backofen bei 250° (Umluft 225°) in 5 Min. knusprig rösten. Mit der Kräutermasse bedecken und heiß zu den Zwiebeln servieren.

Marinierte Paprikaschoten mit Oliven-Vinaigrette

gut vorzubereiten • vitaminreich

Für 4 Personen

700 g rote und gelbe Paprikaschoten
4 EL Olivenöl
1 unbehandelte Zitrone
2 Sardellenfilets
Salz · schwarzer Pfeffer
75 g schwarze Oliven
4 Knoblauchzehen
1 Bund Petersilie
1 EL Pinienkerne

Zubereitungszeit: 40 Min.
(+ 4 Std. Marinierzeit)

Pro Person etwa: 3 g E/ 12 g F/ 16 g KH
165 kcal

Paprikaschoten waschen, halbieren, putzen und der Länge nach in etwa 1 cm breite Streifen schneiden. In einer beschichteten Pfanne 2 EL Öl erhitzen. Die Paprikaschoten darin unter häufigem Wenden bei mittlerer Hitze etwa 5 Min. garen. Dann in eine Schüssel geben.

Zitrone heiß waschen und abtrocknen. Schale dünn abschneiden und beiseite legen.

Zitrone auspressen. Sardellen sehr fein hacken. 2–3 EL Zitronensaft mit Sardellen und 1 EL Öl mischen und unter die Paprikastreifen mischen. Paprika mit Salz und Pfeffer abschmecken und zugedeckt etwa 4 Std. ziehen lassen.

Dann die Oliven entsteinen und in Streifen schneiden. Knoblauch schälen, Petersilie waschen, die Blättchen abzupfen. Zitronenschale, Knoblauch und Petersilienblättchen fein hacken. Die Pinienkerne in einer trockenen Pfanne goldgelb anrösten, beiseite stellen.

Oliven, Zitronenschalenmischung, 1 EL Zitronensaft und übriges Öl mischen. Paprika nochmals durchmischen, eventuell nachwürzen, dann mit der Oliven-Vinaigrette und den Pinienkernen bestreut servieren. Dazu schmeckt geröstetes Vollkornbaguette.

Artischocken mit Sprossen-Kresse-Dip

raffiniert • für Gäste

Für 4 Personen

4 große runde Artischocken · Salz
Saft von 1/2 Zitrone
50 g Alfalfasprossen · 50 g Rettichsprossen
2 Kästchen Gartenkresse
1 Knoblauchzehe
400 g fester Joghurt
1 TL scharfer Senf · schwarzer Pfeffer

Zubereitungszeit: 30–40 Min.

Pro Person etwa: 12 g E/ 4 g F/ 14 g KH
145 kcal

Artischocken waschen, Stiele abschneiden. Blattspitzen mit einer Küchenschere kürzen. Artischocken in reichlich Salzwasser mit Zitronensaft zugedeckt 25–35 Min. kochen, bis sich die Blätter leicht auszupfen lassen.

Sprossen und Kresse waschen und fein hacken. Knoblauch schälen und durchpressen.

Joghurt mit Sprossen und Kresse, Knoblauch und Senf verrühren, salzen und pfeffern.

Artischockenblätter abzupfen und in den Dip tunken. Zum Schluß den Artischockenboden putzen und mit dem übrigen Dip essen.

Tomaten mit Hirsefüllung

gut vorzubereiten • preiswert

Für 4 Personen

50 g Hirsekörner
4 größere Tomaten
1 Bund Basilikum · 2 Knoblauchzehen
1 Frühlingszwiebel · 1 EL schwarze Oliven
50 g Schafkäse
Salz · Pfeffer · 4 Salatblätter
1 1/2 EL Zitronensaft · 3 EL Olivenöl

Zubereitungszeit: 30 Min.

Pro Person etwa: 5 g E/ 9 g F/ 18 g KH
170 kcal

Hirse in 1/8 l Wasser zugedeckt bei schwacher Hitze 15–20 Min. ausquellen lassen.

Tomaten waschen, die Deckel abschneiden. Fleisch herauslösen, mit den Deckeln fein hacken.

Basilikum in Streifen schneiden. Knoblauch pressen. Frühlingszwiebel waschen, hacken. Oliven entsteinen, Käse würfeln.

Hirse mit 1 EL Tomaten und zerkleinerten Zutaten mischen, salzen, pfeffern. In die Tomaten füllen, auf Salat anrichten. Zitronensaft mit Öl, restlichen Tomaten, Salz und Pfeffer verrühren. Darüber verteilen.

Pochiertes Rindfleisch mit Gemüse-Vinaigrette

gut vorzubereiten • für Gäste

Für 4 Personen

1 Bund Suppengrün
1 Zwiebel
Salz · Pfeffer
400 g Rinderfilet am Stück
4 zarte Wirsingblätter
8 Champignons
150 g gemischtes Gemüse (Möhren, Frühlingszwiebeln und Gurke)
2 EL milder Weißweinessig
2 EL Rapsöl
1 EL Kürbiskernöl
1 Bund Schnittlauch
1 kleines Stück frischer Meerrettich

Zubereitungszeit: 45 Min.

Pro Person etwa: 26 g E/ 11 g F/ 5 g KH
220 kcal

Suppengrün putzen, waschen und klein würfeln. Zwiebel schälen und halbieren. Gemüse und Zwiebel mit 1 l Wasser zum Kochen bringen, salzen und pfeffern. Rinderfilet einlegen und bei schwacher Hitze in 20 Min. pochieren. Die Flüssigkeit soll dabei nicht kochen.

Fleisch offen im Sud auf der abgeschalteten Kochplatte nachziehen lassen.

Wirsing waschen und in feine Streifen schneiden. Die Pilze putzen und in hauchdünne Scheiben schneiden. Beides auf vier flachen Tellern verteilen.

Für die Vinaigrette das Gemüse waschen oder schälen, putzen und sehr fein hacken. Mit dem Essig, beiden Ölsorten, Salz und Pfeffer mischen. 6 EL Pochierflüssigkeit untermengen.

Schnittlauch waschen und in feine Röllchen schneiden. Meerrettich schälen, einige Späne abhobeln.

Rinderfilet in sehr feine Scheiben schneiden und auf dem Wirsingbett anrichten. Mit Gemüse-Vinaigrette begießen und mit Meerrettich und Schnittlauch bestreut servieren.

Zucchinipflänzchen mit Zitronensauce

preiswert • am besten kalt

Für 4 Personen

600 g junge Zucchini
3 Knoblauchzehen
100 g Vierkorn-Flocken
1 Bund Petersilie
1 EL Sonnenblumenkerne
1 Ei
Salz · schwarzer Pfeffer
1/2 TL gemahlener Koriander
75 g Dinkelmehl
2 EL Rapsöl zum Braten
1 Zitrone
1 Bund Schnittlauch
200 g saure Sahne
1 EL Mandelblättchen

Zubereitungszeit: 45 Min.

Pro Person etwa: 13 g E/ 19 g F/ 38 g KH
365 kcal

Zucchini waschen, von den Enden befreien und grob würfeln. Den Knoblauch schälen und beides zusammen in der Küchenmaschine fein zerkleinern. Zucchinimasse mit den Flocken mischen und 15 Min. quellen lassen.

Inzwischen Petersilie waschen und die Blättchen fein hacken. Mit den Sonnenblumenkernen, dem Ei, Salz, Pfeffer, Koriander und Mehl unter die Zucchinimasse mischen.

In einer beschichteten Pfanne 1 EL Öl erhitzen. Aus der Zucchinimasse mit einem Eßlöffel Pflänzchen in die Pfanne setzen und etwas flach streichen. Pflänzchen pro Seite bei mittlerer Hitze 3–4 Min. backen. Aus der restlichen Masse im übrigen Öl weitere Pflänzchen backen.

Gleichzeitig die Zitrone schälen, das Fruchtfleisch sehr fein würfeln. Schnittlauch waschen und in Röllchen schneiden. Saure Sahne mit Zitrone und Schnittlauch mischen und mit Salz und Pfeffer abschmecken.

Mandelblättchen in einer trockenen Pfanne bei mittlerer Hitze goldgelb rösten.

Zucchinipflänzchen heiß oder abgekühlt mit Zitronensauce anrichten und mit Mandelblättchen bestreuen.

Linsen-Mangold-Suppe

preiswert • fettarm

Für 4 Personen

1 EL Rapsöl · 2 EL Sonnenblumenkerne
100 g braune oder grüne Linsen · 1 l Gemüsebrühe
1 Staude Mangold (etwa 650 g)
Salz · Cayennepfeffer
1/2 TL gemahlener Koriander
1 Bund Schnittlauch
3 EL saure Sahne

Zubereitungszeit: 50 Min.
Pro Person etwa: 11 g E/ 6 g F/ 19 g KH
175 kcal

Öl erhitzen. Sonnenblumenkerne und Linsen darin andünsten. Mit der Brühe aufgießen und zugedeckt bei mittlerer Hitze in 30–40 Min. fast weich köcheln lassen.

Mangold waschen. Die Blätter in Stücken abschneiden, die Stiele fein schneiden.

In die Suppe geben, mit Salz, Cayennepfeffer und Koriander abschmecken und weitere 5 Min. garen, bis der Mangold bißfest ist.

Schnittlauch waschen und in Röllchen schneiden. Suppe mit saurer Sahne und Schnittlauch garniert servieren.

Knoblauchsuppe mit Spinat

gelingt leicht • preiswert

Für 4 Personen

100 g altbackenes Vollkornbaguette
50 g geschälte Mandeln
400 g Spinat · 1 Knoblauchknolle
4 EL Olivenöl
3/4 l Gemüsebrühe · Salz
200 g saure Sahne · Pfeffer
1 TL Paprika, edelsüß

Zubereitungszeit: 35 Min.
Pro Person etwa: 10 g E/ 20 g F/ 9 g KH
315 kcal

Brot würfeln und mit den Mandeln im Mixer pürieren. Spinat verlesen und waschen. Tropfnaß in einem Topf erhitzen und zusammenfallen, dann abtropfen lassen.

Knoblauch schälen. 1–2 Zehen beiseite legen, den Rest durchpressen.

Brotpüree im Öl andünsten. Knoblauch und Brühe dazugeben, salzen und zugedeckt 10 Min. köcheln lassen.

Spinat mit saurer Sahne untermischen, übrigen Knoblauch dazupressen und die Suppe mit Salz, Pfeffer und Paprika abschmecken.

Sauerkrautsuppe mit saurer Sahne und Lachs

preiswert • schnell

Für 4 Personen

1 Bund Frühlingszwiebeln
400 g frisches Sauerkraut
1 EL Rapsöl
1 l Gemüsebrühe
1 gekochte Kartoffel
Salz · schwarzer Pfeffer
1 TL Kümmel
1 Lorbeerblatt
2 Wacholderbeeren
300 g Lachsfilet
150 g saure Sahne
1 TL Honig
1 TL Paprika, rosenscharf
1 EL Schnittlauchröllchen

Zubereitungszeit: 25 Min.

Pro Person etwa: 21 g E/ 18 g F/ 14 g KH
295 kcal

Frühlingszwiebeln waschen und putzen. Die weißen Teile beiseite legen, den Rest fein schneiden. Sauerkraut mit zwei Gabeln zerpflücken, eventuell etwas kleiner schneiden. 1 EL beiseite legen.

Öl in einem Suppentopf mild erhitzen. Die geschnittenen Zwiebelteile mit dem Sauerkraut darin andünsten. Mit der Brühe aufgießen und zum Kochen bringen. Kartoffel schälen, fein reiben und dazugeben. Mit Salz, Pfeffer und Kümmel abschmecken. Lorbeer und Wacholderbeeren dazugeben.

Suppe zugedeckt bei mittlerer Hitze 10 Min. köcheln lassen.

Inzwischen Lachs in kleine Würfel schneiden. Die beiseite gelegten Frühlingszwiebeln in feine Ringe schneiden. Das restliche Sauerkraut fein hacken.

Zwiebelringe und Sauerkraut mit der sauren Sahne mischen. Lorbeer und Wacholderbeeren aus der Suppe fischen.

Suppe mit Honig abschmecken, Lachswürfel vorsichtig untermischen und 2 Min. zugedeckt auf der abgeschalteten Kochplatte darin ziehen lassen. Suppe in vorgewärmte Teller verteilen, jeweils mit 1 Klecks Sauerkraut-Sahne belegen und mit Paprikapulver bestäuben. Mit Schnittlauch bestreut servieren.

Dicke-Bohnen-Suppe mit Löwenzahn

raffiniert • gelingt leicht

Für 4 Personen

600 g enthülste dicke Bohnen
(frisch oder tiefgekühlt)
1 l Gemüsebrühe
500 g Löwenzahn
1 Zwiebel
2 Knoblauchzehen
2 EL Olivenöl
Salz · schwarzer Pfeffer
frisch geriebene Muskatnuß
2 EL cremige saure Sahne

Zubereitungszeit: 30 Min.

Pro Person etwa: 5 g E/ 6 g F/ 17 g KH
145 kcal

Dicke Bohnen in einem großen Topf mit der Gemüsebrühe zum Kochen bringen und zugedeckt bei mittlerer Hitze 12–15 Min. köcheln lassen, bis sie weich sind.

Inzwischen den Löwenzahn waschen, die Blätter abtrocknen und grob hacken. Zwiebel und Knoblauch schälen und fein hacken.

In einem Topf die Hälfte vom Öl erhitzen. Zwiebel und Knoblauch darin glasig dünsten. Löwenzahn dazugeben, salzen, pfeffern und zugedeckt 5 Min. dünsten.

Einige dicke Bohnen aus dem Topf nehmen, die restlichen in der Brühe pürieren. Suppe mit Salz, Pfeffer und Muskat abschmecken, die ganzen Bohnen wieder hineingeben.

Suppe in vorgewärmte Suppenteller geben, den Löwenzahn darauf verteilen, jeweils mit etwas saurer Sahne garnieren und mit dem übrigen Öl beträufeln.

Rote-Bete-Suppe mit Birnenspalten

raffiniert • für Gäste

Für 4 Personen

500 g junge rote Beten · 1 große rote Zwiebel
1 kleines Stück frischer Ingwer · 1 EL Rapsöl
1/8 l trockener Rotwein · 3/4 l Gemüsebrühe
Salz · Pfeffer · gemahlener Kümmel
1 große feste Birne
1 EL Zitronensaft · 1 EL Apfelessig
2 EL Crème fraîche · 1 EL Butter

Zubereitungszeit: 35 Min.
Pro Person etwa: 4 g E/ 8 g F/ 26 g KH
205 kcal

Rote Beten schälen und würfeln. Zwiebel und Ingwer schälen und fein hacken.
Zwiebel mit Ingwer und roten Beten im Öl andünsten. Mit Rotwein und Brühe aufgießen, mit Salz, Pfeffer und Kümmel abschmecken und zugedeckt 20 Min. köcheln lassen, bis das Gemüse weich ist.
Birne sehr gut waschen, halbieren, vom Kerngehäuse befreien und quer in Spalten schneiden. Mit Zitronensaft beträufeln.
Suppe pürieren, mit Essig und Crème fraîche mischen.
Birnen in der Butter in 2–3 Min. goldbraun rösten. Suppe mit Birnen garniert servieren.

Joghurt-Kaltschale mit Kohlrabi

preiswert • gut vorzubereiten

Für 4 Personen

2 junge Kohlrabi · 700 g flüssiger Joghurt
2 Knoblauchzehen · 1 EL Leinöl
Salz · Pfeffer · 1 TL gemahlener Kümmel
1 TL Zitronensaft · 1/2 rote Paprikaschote
1 Kästchen Gartenkresse
50 g Radieschensprossen

Zubereitungszeit: 25 Min.
(+ 1 Std. Kühlzeit)
Pro Person etwa: 8 g E/ 3 g F/ 12 g KH
105 kcal

Kohlrabi schälen, eine Knolle grob würfeln und mit dem Joghurt im Mixer fein pürieren. Knoblauch schälen und dazupressen. Restlichen Kohlrabi in hauchdünne Streifen schneiden. Unter den Joghurt mischen. Mit Leinöl, Salz, Pfeffer, Kümmel und Zitronensaft abschmecken und mindestens 1 Std. kühl stellen.
Paprikaschote waschen und sehr fein würfeln. Kresse vom Beet schneiden. Radieschensprossen waschen. Die Suppe in Schälchen verteilen und mit Paprika, Kresse und Sprossen bestreut servieren.

Grüne Suppe mit Fischstreifen

raffiniert • gelingt leicht

Für 4 Personen

1 Stange Lauch
250 g Mangold
200 g Wirsingblätter
1 großes Bund Petersilie
1 EL Rapsöl
150 g gepalte Erbsen
1 EL Grünkernschrot
1 l Gemüsebrühe
Salz · Pfeffer
gemahlener Koriander
250 g Fischfilets (z. B. Scholle oder Rotbarsch)
1 unbehandelte Zitrone
2 Kästchen Gartenkresse
250 g saure Sahne
1 TL scharfer Senf

Zubereitungszeit: 40 Min.

Pro Person etwa: 21 g E/ 11 g F/ 18 g KH
245 kcal

Lauch waschen, putzen und in feine Streifen schneiden. Mangold waschen, die Blätter abschneiden und hacken, die Stiele in Streifen schneiden. Wirsing waschen und grob hacken. Petersilie waschen, die Blättchen abzupfen und einen großen Teil davon beiseite legen. Den Rest mit den Stielen fein schneiden.

Öl in einem großen Topf erhitzen. Das gesamte Gemüse, zerkleinerte Petersilie und -stiele darin unter Rühren andünsten. Den Grünkernschrot darüber streuen und ebenfalls kurz andünsten. Mit der Gemüsebrühe aufgießen, mit Salz, Pfeffer und Koriander abschmecken und zugedeckt bei mittlerer Hitze 15 Min. köcheln lassen, bis das Gemüse bißfest ist.

Inzwischen Fisch waschen, trockentupfen und in feine Streifen schneiden. Zitrone heiß waschen und die Schale fein abreiben. Eine Hälfte auspressen, Saft mit dem Fisch mischen.

Kresse waschen, vom Beet schneiden und mit der sauren Sahne und dem Senf mischen. Mit Salz und Pfeffer würzen.

Suppe im Topf pürieren, nochmals abschmecken und die Fischstreifen hineingeben. Zugedeckt 1 Min. ziehen lassen. Übrige Petersilie unterrühren. Suppe dann in Teller füllen, mit etwas Kressesahne und Zitronenschale garnieren und servieren. Restliche Kressesahne in einem Schälchen dazu stellen.

SALATE*

*

Frisches und Rohes ist bekanntlich so gesund, weil es viele Nährstoffe enthält, die beim Garen zum Teil verlorengehen. Vor jeder Mahlzeit ein frischer Salat oder auch einmal eine komplette Salatmahlzeit, und Sie liegen absolut auf der richtigen Linie.

Eine Ausnahme bildet allerdings die beliebte Möhre: Denn ihr Beta-Carotin wird erst für den Körper erschlossen, wenn man sie kurz erwärmt. Überhaupt vertragen rote und orange Gemüse und Früchte das Erhitzen besser als das echte Grünzeug – egal, ob Blattsalate, Kohl oder Spinat.

Bei den Ölen halten Sie sich am besten an Oliven- und Rapsöl, sie enthalten viele einfach ungesättigte Fettsäuren. Leinöl versorgt uns zudem mit Omega-3-Fettsäuren, die Herz-Kreislauf-Erkrankungen vorbeugen können.

Blattsalat mit Kräuter-Joghurt-Dressing

für Gäste • gelingt leicht

Für 4 Personen

1 Kopfsalat
2 junge Zucchini (je etwa 60 g)
50 g Alfalfasprossen
1 Bund gemischte Kräuter (z. B. Basilikum, Petersilie und Kerbel)
2 Frühlingszwiebeln · 6 EL Joghurt
1 TL scharfer Senf · 2 EL Weißweinessig
Salz · schwarzer Pfeffer · 2 EL Rapsöl

Zubereitungszeit: 25 Min.

Pro Person etwa: 5 g E/ 6 g F/ 6 g KH
85 kcal

Kopfsalat waschen, trockenschwenken, in mundgerechte Stücke zupfen und auf Tellern auslegen. Zucchini waschen und putzen, Sprossen waschen.

Kräuter waschen und fein hacken. Frühlingszwiebeln waschen, putzen und möglichst fein schneiden.

Joghurt mit Senf, Essig, 2 EL Wasser, Salz und Pfeffer verrühren, Öl unterschlagen. Kräuter und Frühlingszwiebeln untermischen.

Zucchini über den Salat hobeln, Sprossen darauf verteilen. Mit dem Dressing beträufeln.

Feldsalat mit Kürbis und Brotwürfeln

raffiniert • preiswert

Für 4 Personen

150 g Feldsalat · 1 Bund Petersilie
1 Stück Kürbis (etwa 300 g) · 1 EL Zitronensaft
2–3 Scheiben Vollkornbrot
1 Knoblauchzehe · 1 EL Sonnenblumenkerne
5 EL Rapsöl · 2 EL Apfelessig
Salz · Pfeffer

Zubereitungszeit: 20 Min.

Pro Person etwa: 4 g E/ 14 g F/ 16 g KH
190 kcal

Feldsalat waschen, trockenschwenken und auf Teller verteilen. Petersilie waschen, fein hacken und darübergeben. Kürbis schälen, putzen und in Würfel schneiden, mit Zitronensaft mischen. Brot würfeln. Knoblauch schälen.

Brot ohne Fett mit Sonnenblumenkernen bei mittlerer Hitze in 5 Min. knusprig rösten. Knoblauch darüber pressen, Brot warm halten. Kürbiswürfel in 1 EL Öl unter Wenden 4–5 Min. braten.

Essig mit Salz, Pfeffer und dem restlichen Öl verquirlen. Über dem Salat verteilen. Den Kürbis salzen, pfeffern, mit dem Brot darauf streuen.

Möhrensalat mit Orangen-Minze-Dressing

preiswert • gelingt leicht

Für 4 Personen

500 g Möhren
2 EL Rapsöl
2 Frühlingszwiebeln
2 Orangen
4–5 Zweige frische Minze
1 EL Zitronensaft
Salz
schwarzer Pfeffer
1 gestrichener TL Kurkuma
etwa 8 schöne Salatblätter
1 EL Kürbiskerne

Zubereitungszeit: 35 Min.

Pro Person etwa: 5 g E/ 7 g F/ 19 g KH
150 kcal

Möhren putzen, schälen und der Länge nach halbieren. Dann in etwa 1/2 cm dicke Scheiben schneiden.

In einem Topf 1 TL Öl erhitzen. Möhren kurz darin andünsten. Mit 2 EL Wasser mischen und bei mittlerer Hitze zugedeckt 5 Min. dünsten, vom Herd nehmen.

Frühlingszwiebeln waschen, putzen und der Länge nach halbieren. In sehr feine Streifen schneiden. Orangen gründlich schälen und in kleine Würfel schneiden, dabei den Saft auffangen und die Kerne entfernen. Minze waschen, die Blättchen fein hacken.

Frühlingszwiebeln mit Minze, Orangen, Orangen- und Zitronensaft und dem restlichen Öl mischen. Möhren mit der eventuell verbliebenen Garflüssigkeit untermischen und alles mit Salz, Pfeffer und dem Kurkuma abschmecken.

Salatbätter waschen und trockenschwenken. Vier Teller damit auskleiden, den Möhrensalat daraufgeben. Mit den Kürbiskernen bestreuen und rasch servieren.

Grapefruit-Zwiebel-Salat auf Spinat

vitaminreich • erfrischend

Für 4 Personen

2 rosa Grapefruits

2 rote Zwiebeln

1 kleine Fenchelknolle

1 Bund Dill

150 g zarte Spinatblätter

1 TL Fenchelsamen

1 EL Weißweinessig

Salz · schwarzer Pfeffer

4 EL Rapsöl

1 Handvoll Alfalfasprossen

eventuell einige eßbare Blüten zum Garnieren

Zubereitungszeit: 20 Min.

Pro Person etwa: 7 g E/ 5 g F/ 11 g KH

95 kcal

Grapefruits so schälen, daß auch die innere weiße Haut entfernt wird. Die Grapefruitfilets mit einem Messer aus den Trennwänden herausschneiden. Den Saft dabei auffangen, die Häute außerdem noch ausdrücken.

Zwiebeln schälen, halbieren und der Länge nach in Streifen schneiden. Fenchel waschen, längs vierteln, vom Strunkansatz befreien und in sehr feine Streifen schneiden. Zartes Grün mit dem Dill waschen und fein hacken.

Spinat verlesen und in stehendem kalten Wasser mehrmals gründlich waschen. Sehr gut trockenschwenken. Spinat auf Tellern auslegen. Zwiebeln, Grapefruitfilets und Fenchel darauf verteilen.

Fenchelsamen im Mörser sehr fein zerstoßen. 1–2 EL aufgefangenen Grapefruitsaft mit Essig, Salz, Pfeffer und Fenchelsamen verrühren. Öl unterschlagen. Dressing auf den Salat träufeln, Dill, Fenchelgrün und Sprossen darüber streuen. Eventuell mit Blüten garnieren.

Gemüse-Apfel-Rohkost mit Korianderdressing

preiswert • gelingt leicht

Für 4 Personen

1 Stück Rettich (etwa 200 g)
1/2 kleiner Kopf Wirsing (etwa 400 g)
1 große Möhre · 1 kleine Petersilienwurzel
1 großer säuerlicher Apfel
1 Bund Petersilie · 2 EL Apfelessig
1 TL Honig · Salz · Pfeffer
1 TL gemahlener Koriander · 4 EL Rapsöl

Zubereitungszeit: 25 Min.

Pro Person etwa: 4 g E/ 9 g F/ 14 g KH
150 kcal

Rettich schälen. Wirsing waschen und vom Strunk befreien. Möhre und Petersilienwurzel ebenfalls schälen, Apfel sehr gründlich waschen. Das Gemüse und den Apfel grob zerkleinert in der Küchenmaschine zu feinen Streifen verarbeiten oder per Hand fein schneiden.

Petersilie waschen, die Blättchen fein hacken und mit dem Gemüse mischen.

Essig mit Honig, Salz, Pfeffer und Koriander verrühren. Das Öl unterschlagen. Dressing mit dem Gemüse vermischen und eventuell etwas nachwürzen.

Sauerkrautsalat mit Rotkohl und Aprikosen

raffiniert • schnell

Für 4 Personen

10 getrocknete Aprikosen
5 EL naturtrüber Apfelsaft
1/4 Kopf Rotkohl (etwa 250 g)
300 g frisches Sauerkraut · 100 g Joghurt
1 TL Ahornsirup · Salz · Cayennepfeffer
1 EL Sonnenblumenkerne · 1 Bund Schnittlauch

Zubereitungszeit: 20 Min.
(+ 1 Std. Quellzeit)

Pro Person etwa: 5 g E/ 3 g F/ 19 g KH
135 kcal

Aprikosen würfeln und mit dem Apfelsaft mischen. Mindestens 1 Std. quellen lassen.

Rotkohl waschen, vom Strunk befreien und in sehr feine Streifen schneiden. Sauerkraut mit zwei Gabeln lockern, mit dem Rotkohl mischen.

Aprikosen mit Joghurt und Ahornsirup fein pürieren, mit Salz und Cayennepfeffer würzen.

Sonnenblumenkerne ohne Fett rösten. Schnittlauch waschen, in Röllchen schneiden.

Sauerkrautsalat mit der Sauce anrichten. Mit Sonnenblumenkernen und Schnittlauch bestreut servieren.

Scharfer Gurken-Melonen-Salat

raffiniert • gelingt leicht

Für 4 Personen

1–2 frische grüne Pfefferschoten
1 Bund Rucola
1 kleine Salatgurke
1/2 Honigmelone
100 g Cocktailtomaten
1 TL süßer Senf
2 EL Weißweinessig
1 TL Zitronensaft
Salz
je 2 EL Lein- und Rapsöl
2 EL saure Sahne

Zubereitungszeit: 20 Min.

Pro Person etwa: 2 g E/ 9 g F/ 8 g KH
120 kcal

Pfefferschoten waschen, vom Stielansatz befreien und in sehr feine Scheiben schneiden. Rucola waschen, trockenschwenken und kleiner zupfen.

Gurke sehr gut waschen und der Länge nach halbieren. Die Kerne herauskratzen, die Gurkenhälften klein würfeln. Die Melone ebenfalls von den Kernen befreien, das Fruchtfleisch mit einem Kugelausstecher aus der Schale lösen. Tomaten waschen, eventuell halbieren.

Pfefferschotenscheiben mit Rucola, Gurke, Melone und Tomaten in einer Schüssel locker vermischen.

Senf mit Essig, Zitronensaft und Salz verrühren, beide Ölsorten unterschlagen. Das Dressing mit den Salatzutaten mischen, eventuell nochmals abschmecken. Auf Teller verteilen und jeweils mit 1/2 EL saurer Sahne garnieren.

Tip! Schmeckt als Vorspeise oder sommerliche Beilage, z. B. zu Lammkoteletts.

Brotsalat mit buntem Gemüse

gut vorzubereiten • sommerlich

Für 4–6 Personen

150 g altbackenes nicht zu festes Vollkornbrot (z. B. Dinkelbrot)
1 gelbe Paprikaschote
2 Fleischtomaten
1 Zucchino
1 rote Zwiebel
1 Bund Rucola
1 Bund Basilikum
2–3 Knoblauchzehen
2–3 EL Rotweinessig
Salz · schwarzer Pfeffer
4 EL Olivenöl
1 EL kleine Kapern
eventuell einige schwarze Oliven

Zubereitungszeit: 35 Min. (+ 1 Std. Marinierzeit)

Bei 6 Portionen pro Person etwa:
4 g E/ 7 g F/ 19 g KH
145 kcal

Brot in mundgerechte Würfel schneiden und in einer trockenen Pfanne bei mittlerer Hitze etwas anrösten.

Gemüse waschen und putzen. Paprikaschote und Tomaten fein würfeln. Zucchino zuerst in Scheiben, dann in feine Stifte schneiden. Zwiebel in dünne Scheiben hobeln, dann nochmals durchschneiden.

Rucola und Basilikum waschen, trockenschwenken und die Blättchen fein hacken. Knoblauch schälen und durch die Presse in eine Schüssel drücken.

Brot, Gemüse und Kräuter zum Knoblauch in die Schüssel geben. Essig, Salz, Pfeffer und Öl untermischen und alles zugedeckt etwa 1 Std. ziehen lassen. Dabei gelegentlich durchrühren.

Salat vor dem Servieren nochmals abschmecken, dann mit den Kapern und eventuell den Oliven bestreut servieren.

Linsensalat mit roter Paprika

gut vorzubereiten • preiswert

Für 4 Personen

150 g schwarze Linsen · 1/2 l Gemüsebrühe
2 Zweige frische Minze · 2 rote Paprikaschoten
1 Bund Frühlingszwiebeln · 1 Bund Petersilie
2 Knoblauchzehen · 150 g Joghurt
2–4 TL Ajvar (scharfe Paprikapaste)
2 TL Zitronensaft · Salz · schwarzer Pfeffer

Zubereitungszeit: 45 Min.

Pro Person etwa: 13 g E/ 3 g F/ 30 g KH
190 kcal

Linsen mit Brühe und 1 Minzezweig zugedeckt bei mittlerer Hitze in etwa 35 Min. bißfest garen.

Paprika waschen, putzen und klein würfeln. Frühlingszwiebeln putzen, waschen und in feine Ringe schneiden. Petersilie und restliche Minze waschen, fein hacken.

Linsen mit Paprika, Frühlingszwiebeln und Kräutern mischen.

Knoblauch schälen und durchpressen. Mit Joghurt, Ajvar und Zitronensaft unter die Linsenmischung mengen, salzen und pfeffern.

Grüner Bohnensalat mit Apfelwürfeln

raffiniert • preiswert

Für 4 Personen

750 g grüne Bohnen · 1 Bund Bohnenkraut
Salz · 1 Bund Frühlingszwiebeln
2 1/2 EL Weißweinessig · schwarzer Pfeffer
1 TL scharfer Senf · 4–5 EL Olivenöl
1 Bund Basilikum, in Streifen geschnitten
1 säuerlicher Apfel · 1 EL Butter · 1 TL Honig

Zubereitungszeit: 30 Min.

Pro Person etwa: 6 g E/ 14 g F/ 18 g KH
210 kcal

Bohnen waschen, putzen und halbieren. Mit Bohnenkraut in Salzwasser zugedeckt in 8–10 Min. bißfest garen.

Frühlingszwiebeln putzen, waschen und fein schneiden. Essig mit Salz, Pfeffer und Senf verrühren. Öl unterschlagen. Bohnen abtropfen lassen, mit Zwiebeln, Basilikum und Dressing mischen. Apfel waschen, vom Kerngehäuse befreien und würfeln.

Apfel in Butter 2 Min. braten, mit Honig mischen, salzen, pfeffern und über den Bohnen verteilen.

Kichererbsensalat mit Broccoli und Mandeln

gut vorzubereiten • preiswert

Für 4 Personen

150 g getrocknete Kichererbsen
1 getrocknete Chilischote
2 Lorbeerblätter
400 g Broccoli
1 rote Zwiebel
40 g Mandelblättchen
1 Tomate
1 Bund Petersilie
1 EL Mandelmus
4 EL Zitronensaft
1 EL Olivenöl
Salz
Cayennepfeffer

Zubereitungszeit: 30 Min.
(+ Quellzeit über Nacht
+ 1 Std. Garzeit)

Pro Person etwa: 14 g E/ 10 g F/ 27 g KH
245 kcal

Kichererbsen in einer Schüssel in lauwarmem Wasser einweichen und über Nacht quellen lassen. Dann mit dem Einweichwasser in einen Topf geben. Chillie und Lorbeer dazugeben und die Kichererbsen zum Kochen bringen. Zugedeckt bei mittlerer Hitze in 1 Std. weich garen. Abtropfen lassen.

Broccoli waschen und in Röschen teilen. Stiele schälen und würfeln. Broccoli in einen Dämpfeinsatz legen und über heißem Wasserdampf in 6–8 Min. bißfest dämpfen.

Inzwischen Zwiebel schälen und sehr fein hacken. Mandelblättchen in einer trockenen Pfanne bei mittlerer Hitze goldgelb rösten. Tomate waschen und sehr fein würfeln. Petersilie waschen, die Blättchen ganz fein hacken.

Kichererbsen mit Broccoli, Tomate, Zwiebel und Petersilie mischen.

Mandelmus mit Zitronensaft und Olivenöl verrühren und mit Salz und Cayennepfeffer abschmecken. Unter den Salat mischen. Kichererbsen auf vier Teller verteilen, mit Mandelblättchen bestreut servieren.

Gemüse mit dreierlei Dips

gut vorzubereiten • für Gäste

Für 4 Personen

50 g Walnüsse
1 EL Zitronensaft · 100 g Dickmilch
Salz · schwarzer Pfeffer
1 EL Schnittlauchröllchen
1 rote Zwiebel · einige Petersilienzweige
2 getrocknete in Öl eingelegte Tomaten
1 EL Kapern · 2 EL Gemüsebrühe
1 TL scharfer Senf · 1 EL Essig
2 EL Olivenöl · 1 Stück Meerrettich (2–4 cm lang)
1 säuerlicher Apfel · 150 g Joghurt
1/2 TL gemahlener Kreuzkümmel
600 g gemischte Gemüse (z. B. Möhren, Kohlrabi, rote Paprikaschote, Stangensellerie und Broccoli)

Zubereitungszeit: 25 Min.

Pro Person etwa: 9 g E/ 14 g F/ 21 g KH
260 kcal

Walnüsse grob hacken und mit dem Zitronensaft und der Dickmilch im Mixer fein pürieren. Mit Salz und Pfeffer abschmecken, in ein Schälchen geben und mit Schnittlauch bestreuen.

Zwiebel schälen und sehr fein würfeln. Petersilie waschen, Blättchen fein hacken. Tomaten klein würfeln. Kapern grob hacken. Alles mit Gemüsebrühe, Senf, Essig und Öl verrühren und mit Salz und Pfeffer abschmecken.

Meerrettich schälen und grob zerkleinern. Apfel sehr gründlich waschen, vierteln, vom Kerngehäuse befreien und in grobe Stücke schneiden. Beides zusammen im Mixer fein pürieren. Mit dem Joghurt mischen und mit Salz abschmecken. In ein Schälchen geben und mit dem Kreuzkümmel bestreuen.

Gemüse waschen oder schälen und putzen. Dann in feine, aber lange Stifte schneiden. Den Broccoli in dünne Scheibchen schneiden. Bei Tisch das Gemüse in einen der Dips tunken. Dazu Vollkornbaguette reichen, das man ebenfalls in die Dips tauchen kann.

Kräuterkartoffeln auf Tomatensalat

raffiniert • preiswert

Für 4 Personen

500 g festkochende Kartoffeln · 1 Bund Rucola
je 1/2 Bund Petersilie und Basilikum
1 gehäufter TL scharfer Senf · 5 EL Gemüsebrühe
2–3 EL Zitronensaft · 2 EL Rapsöl
Salz · schwarzer Pfeffer
2–3 Fleischtomaten · 1 milde weiße Zwiebel
1 EL Aceto balsamico · 1 EL Olivenöl

Zubereitungszeit: 50 Min.

Pro Person etwa: 4 g E/ 7 g F/ 27 g KH
180 kcal

Kartoffeln in der Schale nicht zu weich kochen. Abgießen und abkühlen lassen.

Kräuter waschen und hacken. Mit Senf, Brühe und Zitronensaft verrühren. Das Öl unterschlagen.

Kartoffeln schälen und würfeln, mit dem Dressing mischen, salzen und pfeffern.

Tomaten waschen und in dünne Scheiben schneiden, vier Teller damit auslegen.

Zwiebel schälen und in feine Scheiben hobeln. Auf den Tomaten verteilen, mit Aceto balsamico und Olivenöl beträufeln, salzen und pfeffern. Kartoffelsalat in die Mitte häufen.

Kresse-Grapefruit-Salat mit Lachswürfeln

für Gäste • schnell

Für 4 Personen

350 g Lachsfilet
1 walnußgroßes Stück frischer Ingwer
2 Knoblauchzehen · 1 EL Sojasauce
1 TL Honig · 2 Kästchen Gartenkresse
1 Bund Brunnenkresse · 1 rosa Grapefruit
1 TL grüne Pfefferkörner aus dem Glas · Salz
3 EL Rapsöl · schwarzer Pfeffer

Zubereitungszeit: 25 Min.

Pro Person etwa: 19 g E/ 18 g F/ 9 g KH
270 kcal

Lachs würfeln. Ingwer schälen und sehr fein reiben. Knoblauch schälen und pressen. Mit Sojasauce und Honig verrühren und mit dem Lachs vermischen.

Gartenkresse abschneiden. Brunnenkresse verlesen und waschen. Grapefruit schälen und würfeln, Saft auffangen. Kresse mit Grapefruit mischen. 1 EL Grapefruitsaft mit Pfefferkörnern, Salz und Öl verrühren. Über die Kresse träufeln.

Lachs mit der Marinade in einer Pfanne bei mittlerer Hitze unter Wenden 3–4 Min. braten. Salzen, pfeffern und über den Salat geben.

Spinatsalat mit Hähnchen und Kapern

gelingt leicht • preiswert

Für 4 Personen

1 doppeltes Hähnchenbrustfilet
1 unbehandelte Zitrone
2 Knoblauchzehen
3–4 Zweige frischer Rosmarin
1 getrocknete Chilischote
2 EL Olivenöl
250 g zarter Blattspinat (ersatzweise Batavia- oder Eichblattsalat)
2 EL Kapern · 2 Frühlingszwiebeln
2 EL Cidre- oder Apfelessig · 1 EL Joghurt
Salz · schwarzer Pfeffer · 4 EL Rapsöl
einige schöne Himbeeren zum Garnieren

Zubereitungszeit: 20 Min. (+ 1 Std. Marinierzeit)

Pro Person etwa: 31 g E/ 18 g F/ 10 g KH
305 kcal

Hähnchenbrustfilet waschen und abtrocknen, dann in feine Streifen schneiden. Zitrone heiß waschen, die Schale fein abreiben. Eine Hälfte auspressen. Knoblauch schälen und durchdrücken. Rosmarin waschen, die Nadeln sehr fein hacken. Chilischote zerkrümeln.

Zitronensaft und -schale mit Knoblauch, Rosmarin, Chillie und Olivenöl mischen, das Fleisch untermengen. Mindestens 1 Std. im Kühlschrank marinieren.

Dann Spinat waschen, verlesen und sehr gut trockentupfen. Kapern abtropfen lassen, die Hälfte fein hacken. Frühlingszwiebeln putzen, gründlich waschen und mit dem zarten Grün in feine Ringe schneiden.

Gehackte Kapern mit Essig, Joghurt, Salz und Pfeffer verrühren. Öl unterschlagen. Spinat mit ganzen Kapern und Frühlingszwiebeln mischen, Dressing unterheben.

Eine beschichtete Pfanne erhitzen. Hähnchenstreifen darin mit der Marinade bei starker Hitze unter Wenden 4 Min. braten. Salzen und mit den Himbeeren auf dem Salat anrichten.

Kalbfleisch-Auberginen-Salat mit getrockneten Tomaten

gut vorzubereiten • sommerlich

Für 4 Personen

1 Bund Suppengrün

1 Zwiebel

400 g Kalbslende oder -filet am Stück

Salz · schwarzer Pfeffer

1 unbehandelte Zitrone

1 kleinere Aubergine (etwa 250 g)

1 Bund Frühlingszwiebeln

2 Knoblauchzehen

10 getrocknete in Öl eingelegte Tomaten

1 kleine Fleischtomate

2 EL Olivenöl

2 Bund Rucola

Zubereitungszeit: 45 Min.
(+ 45 Min. Garzeit + Abkühlzeit)

Pro Person etwa: 26 g E/ 7 g F/ 12 g KH

200 kcal

Suppengrün putzen oder schälen und grob würfeln. Zwiebel waschen und mit der Schale halbieren. In einem Topf 1 l Wasser mit Suppengrün und Zwiebel zum Kochen bringen. Fleisch hineingeben und zugedeckt bei schwacher Hitze 45 Min. ziehen lassen. Salzen, pfeffern und in der Brühe erkalten lassen.

Zitrone heiß waschen. Eine Hälfte in Scheiben schneiden. Aubergine waschen, putzen, der Länge nach in 1 cm dicke Scheiben, dann in Streifen schneiden. Frühlingszwiebeln waschen, putzen und der Länge nach vierteln.

In einem Topf 2 cm hoch Wasser mit den Zitronenscheiben und Salz zum Kochen bringen. Auberginenstifte und Zwiebelstreifen darin zugedeckt 2–3 Min. kochen, abgießen. Fleisch in dünne Scheiben schneiden.

Knoblauch schälen und durchpressen. Getrocknete Tomaten in Streifen schneiden, Fleischtomate waschen und sehr klein würfeln.

Kalbfleisch mit getrockneten Tomaten, Auberginen, Knoblauch, Zwiebeln, 3 EL Fleischbrühe, 2 EL Zitronensaft und Öl mischen, salzen und pfeffern.

Rucola waschen und trockenschwenken, auf Tellern auslegen. Den Salat darauf verteilen, mit Tomatenwürfeln bestreuen und servieren.

Meeresfrüchtesalat mit Gemüse

gut vorzubereiten • gelingt leicht

Für 4 Personen

2 junge Möhren
1 junger Zucchino
250 g dünne grüne Bohnen
100 g Cocktailtomaten
1 Bund Petersilie
200 g gegarte ausgelöste Garnelen
200 g Tintenfisch (küchenfertig, frisch oder tiefgekühlt)
Salz
3 EL Zitronensaft
4 EL Olivenöl
schwarzer Pfeffer
1 Zitrone in Schnitzen

Zubereitungszeit: 35 Min.

Pro Person etwa: 21 g E/ 10 g F/ 26 g KH
250 kcal

Möhren schälen und in feine Juliennes schneiden. Zucchino waschen und sehr klein würfeln. Bohnen waschen und von den Enden befreien. Größere Bohnen halbieren. Tomaten waschen und halbieren.

Petersilie waschen, die Blättchen fein hacken. Garnelen kalt abspülen und abtropfen lassen. Frischen oder aufgetauten Tintenfisch waschen und in Streifen schneiden.

In einem großen Topf etwa 4 cm hoch Wasser mit Salz zum Kochen bringen. Tintenfisch darin 1 Min. blanchieren, in ein Sieb gießen, kalt abschrecken und abtropfen lassen. Für die Bohnen frisches Salzwasser zum Kochen bringen. Die Bohnen darin in 6–8 Min. bißfest garen, kalt abschrecken und abtropfen lassen.

Inzwischen Zitronensaft mit Petersilie und Olivenöl verrühren und mit Salz und Pfeffer würzen. Garnelen und Tintenfisch untermengen.

Alle Gemüse ebenfalls dazugeben und den Salat nochmals abschmecken. Mit Zitronenschnitzen garniert servieren.

Rucolasalat mit Nektarinen und Leberstreifen

schnell • gelingt leicht

Für 4 Personen

150 g Rucola
3–4 Nektarinen (je nach Größe)
250 g Kalbsleber (vom Biometzger)
1 Bund Frühlingszwiebeln
3 EL Olivenöl
1 1/2 EL Aceto balsamico
5 EL trockener Weißwein
(ersatzweise Gemüsebrühe)
Salz
schwarzer Pfeffer

Zubereitungszeit: 20 Min.

Pro Person etwa: 15 g E/ 10 g F/ 23 g KH
240 kcal

Rucola waschen, trockenschwenken und von den dicken Stielen befreien. Rucola auf Tellern auslegen. Nektarinen waschen, halbieren und vom Kern drehen. Das Fruchtfleisch in schmale Spalten schneiden. Auf dem Rucola anrichten.

Leber waschen, trockentupfen und in feine Streifen schneiden. Frühlingszwiebeln waschen, putzen und mit dem zarten Grün in feine Ringe schneiden.

In einer Pfanne 1 EL Öl erhitzen. Leber mit Zwiebelringen hineingeben und unter Rühren bei mittlerer bis starker Hitze 3–4 Min. braten. Essig mit restlichem Öl, Wein, Salz und Pfeffer verrühren. In die Pfanne zur Leber gießen und den Bratfond damit lösen.

Leberstreifen mitsamt der Flüssigkeit über Rucola und Nektarinen verteilen und möglichst sofort servieren.

Tip! Leber enthält wichtige Vitamine der B-Gruppe, ist aber ein Stoffwechselorgan und sollte daher nicht zu oft, nicht öfter als einmal im Monat, gegessen werden.

VEGETARISCHE HAUPTGERICHTE*

*

Gemüse und Kartoffeln, Nudeln und Getreide versorgen uns nicht nur mit wichtigen Ballaststoffen, Vitaminen und Mineralstoffen, sie bringen auch echte Vielfalt auf den Teller, denn kaum ein anderes Lebensmittel läßt sich auf so viele verschiedene Arten immer wieder neu zubereiten.

Ballaststoffe und Zink im Getreide, Vitamin C und E sowie die vielen bioaktiven Substanzen in Kohl & Co., reichlich Vitamin C in Zitrusfrüchten, Paprikaschoten und Petersilie und die Carotinoide in Broccoli, Tomaten, Möhren und vielem mehr stärken das Immunsystem, und zwar auf ausgesprochen köstliche Weise. Lassen Sie sich überzeugen von so feinen Gerichten wie Kürbisgnocchi mit Wildkräuterpesto über Blinis mit Gemüseragout bis zu Paprikatarte mit Lauch.

Spaghetti mit roher Gemüsesauce

gelingt leicht • schnell

Für 4 Personen

1/2 junger Kohlrabi
1 Bund Frühlingszwiebeln
100 g Champignons
1 kleines Bund Radieschen · 1 Bund Petersilie
einige Blättchen Zitronenmelisse
1 Knoblauchzehe
1/2 unbehandelte Zitrone · 3 EL Olivenöl
Salz · Pfeffer · 400 g Dinkel-Spaghetti

Zubereitungszeit: 30 Min.

Pro Person etwa: 18 g E/ 10 g F/ 69 g KH
425 kcal

Gemüse schälen oder waschen. Kohlrabi in feine Stifte schneiden. Frühlingszwiebeln mit dem zarten Grün in hauchdünne Ringe schneiden. Pilze in sehr feine Scheiben teilen. Radieschen in Stifte schneiden. Kräuter waschen, fein hacken. Knoblauch schälen und durchpressen. Zitrone waschen, die Schale abreiben, den Saft auspressen. Diese Zutaten mit Öl mischen, salzen und pfeffern.

Nudeln in Salzwasser bißfest kochen. Abgießen, mit der Sauce mischen und in vorgewärmten Tellern servieren.

Spaghetti al limone

preiswert • raffiniert

Für 4 Personen

200 g Zuckerschoten · Salz
1 große unbehandelte Zitrone
1 kleine rote Zwiebel · 2 Knoblauchzehen
1 Bund Basilikum · 1/2 Bund Petersilie
400 g Vollkornspaghetti · 2 EL Olivenöl
2 EL saure Sahne · Pfeffer

Zubereitungszeit: 15 Min.

Pro Person etwa: 17 g E/ 7 g F/ 68 g KH
405 kcal

Zuckerschoten waschen. In wenig Salzwasser 3 Min. zugedeckt kochen, kurz abschrecken (Kochwasser auffangen).

Zitronenschale in Streifen abschneiden. Zwiebel schälen, in Streifen schneiden. Knoblauch schälen. Kräuter waschen und hacken.

Nudeln in Salzwasser bißfest kochen.

Zwiebel und gepreßten Knoblauch im Öl andünsten. Mit 6 EL Schotenkochwasser und 3 EL Zitronensaft 4–5 Min. dünsten. Zuckerschoten, Kräuter, saure Sahne und Zitronenschale dazugeben, salzen, pfeffern und zu den Nudeln geben.

Nudelfleckerl mit Spitzkohlgemüse

preiswert • gelingt leicht

Für 4 Personen

300 g Dinkelvollkornmehl
1 TL gemahlener Kümmel
Salz
1 EL Leinöl
3 Eier
Mehl für die Arbeitsfläche
700 g Spitzkohl
1 Stange Lauch
1 Bund Petersilie
2 EL Rapsöl
1/8 l Gemüsebrühe
1 TL Kümmel
1 EL Zitronensaft
50 g Schafkäse

Zubereitungszeit: 1 Std.
(+ 30 Min. Ruhezeit)

Pro Person etwa: 22 g E/ 16 g F/ 62 g KH
475 kcal

Mehl mit gemahlenem Kümmel und 1 gestrichenen TL Salz mischen. Öl und Eier dazugeben und alles zu einem glatten geschmeidigen Teig verkneten. Falls der Teig zu trocken ist, noch etwas Wasser untermischen. In Pergament wickeln und bei Zimmertemperatur 30 Min. ruhen lassen.

Dann noch einmal gut durchkneten und auf wenig Mehl so dünn wie möglich ausrollen. In ungleichmäßige Stücke (Fleckerl) schneiden und auf Küchentüchern ausbreiten.

Spitzkohl waschen, putzen und ebenfalls in Fleckerl schneiden. Lauch putzen, waschen und in Ringe teilen. Petersilie waschen, einen Teil der Blättchen beiseite legen, den Rest hacken.

Öl in einer Pfanne erhitzen. Kohl darin leicht bräunen lassen. Lauch mit Petersilie hinzufügen und kurz mitdünsten. Dann mit Brühe aufgießen, mit Kümmel und Salz würzen und zugedeckt bei mittlerer Hitze 6–8 Min. dünsten.

Gleichzeitig reichlich Wasser zum Kochen bringen. Salzen, Nudelfleckerl darin in 1–3 Min. bißfest garen.

Abtropfen lassen und zum Spitzkohl geben. Mit Zitronensaft und eventuell noch Salz abschmecken. Käse zerkrümeln, mit den übrigen Petersilienblättchen über die Nudelfleckerl streuen und sofort servieren.

Kürbis-Gnocchi mit Wildkräuterpesto

gut vorzubereiten • für Gäste

FÜR 4 PERSONEN

750 g Kürbis (geputzt gewogen)
250 g mehligkochende Kartoffeln
Salz
250 g Dinkelmehl
100 g Wildkräuter (z. B. Brunnenkresse, Löwenzahn und junge Brennesseln gemischt; ersatzweise gemischte würzige Küchenkräuter)
3 Knoblauchzehen
100 g Pinienkerne oder Walnüsse
50 g Pecorino
100 ml Olivenöl
schwarzer Pfeffer
1 Tomate

ZUBEREITUNGSZEIT: 50 MIN. (+ 1 STD. RUHEZEIT)

Pro Person etwa: 21 g E/ 34 g F/ 66 g KH
650 kcal

KÜRBIS schälen, putzen und in Würfel schneiden. Kartoffeln waschen, in der Schale in Wasser weich garen. Kürbis in einen Siebeinsatz geben und über kochendem Wasser in 10–15 Min. weich dämpfen.

KARTOFFELN und Kürbis etwas ausdämpfen lassen und noch warm durch die Kartoffelpresse drücken. Mit Salz und Mehl zu einem formbaren Teig verkneten.

AUS dem Teig fingerdicke Rollen formen, in Stücke schneiden und mit einem Gabelrücken rillig eindrücken. Auf einem bemehlten Küchentuch 1 Std. ruhen lassen.

KRÄUTER waschen, trockenschwenken. Knoblauch schälen. Beides sehr fein hacken und mit den Pinienkernen oder Nüssen im Mörser fein zerstoßen oder in der Küchenmaschine fein zerkleinern.

KÄSE fein reiben und untermischen. Öl nach und nach unterschlagen, Pesto salzen und pfeffern. Tomate waschen und sehr fein würfeln.

FÜR die Gnocchi Salzwasser zum Kochen bringen. Gnocchi hineingeben und bei schwacher Hitze etwa 5 Min. ziehen lassen, bis sie an die Oberfläche steigen. Pesto mit etwas heißem Kochwasser verrühren. Gnocchi mit einem Schaumlöffel herausheben und in vorgewärmte Teller geben. Mit Pesto bedecken und mit Tomatenwürfeln bestreuen. Sofort servieren.

Gefüllte Paprikaschoten auf Blattgemüse

raffiniert • für Gäste

FÜR 4 PERSONEN

4 rote Paprikaschoten
200 g kurze Vollkornnudeln
Salz
4 Tomaten
80 g schwarze Oliven
50 g Kapern oder Kapernfrüchte
1 großes Bund Petersilie
2 Knoblauchzehen
1 getrocknete Chilischote
200 g Mozzarella
(möglichst aus Büffelmilch)
700 g Spinat
1 unbehandelte Zitrone
50 ml trockener Weißwein oder Gemüsebrühe
schwarzer Pfeffer

ZUBEREITUNGSZEIT: 50 MIN.

Pro Person etwa: 22 g E/ 10 g F/ 52 g KH
375 kcal

PAPRIKASCHOTEN waschen, der Länge nach halbieren und putzen. Nudeln in reichlich sprudelnd kochendem Salzwasser bißfest kochen, abgießen, abschrecken und abtropfen lassen.

TOMATEN waschen und sehr klein würfeln, dabei vom Stielansatz befreien. Oliven in Streifen vom Stein schneiden. Kapern abtropfen lassen, Kapernfrüchte auch vom Stiel befreien.

PETERSILIE waschen, die Blättchen fein hacken. Knoblauch schälen und durchpressen, Chillie zerkrümeln. Mozzarella klein würfeln.

NUDELN mit Tomaten, Oliven, Kapern, Knoblauch, Petersilie, Chillie und Mozzarella mischen und mit Salz abschmecken. Paprika ebenfalls leicht salzen, mit der Mischung füllen.

BACKOFEN auf 220° vorheizen. Spinat verlesen, in stehendem Wasser waschen und tropfnaß in einen Topf geben. Zugedeckt 2 Min. garen, bis die Blätter zusammengefallen sind. Zitrone waschen und die Schale fein abreiben. Eine Hälfte auspressen.

SPINAT mit Zitronenschale und Saft, Weißwein oder Gemüsebrühe, Salz und Pfeffer mischen und in eine feuerfeste Form geben. Paprikaschoten nebeneinander darauf setzen und im heißen Ofen (Umluft 200°) 20 Min. backen, bis die Füllung leicht gebräunt ist.

Hirsetopf mit Wirsing und Tomaten-Joghurt-Pesto

raffiniert • preiswert

Für 4 Personen

1/2 Kopf Wirsing (etwa 600 g)
1 große Zwiebel
350 g Hirse
1 EL Rapsöl
1/2 l Gemüsebrühe
Salz · schwarzer Pfeffer
1 TL Paprika, rosenscharf
6 getrocknete in Öl eingelegte Tomaten
1 frische Tomate
50 g Sonnenblumenkerne
50 g Schafkäse
2 Knoblauchzehen
100 g fester Joghurt
1 Bund Basilikum

Zubereitungszeit: 45 Min.

Pro Person etwa: 30 g E/ 17 g F/ 117 g KH
700 kcal

Wirsing waschen, putzen und fein schneiden. Zwiebel schälen und fein hacken. Hirse in einem Sieb kalt abspülen und gut abtropfen lassen.

Öl in einem Topf erhitzen. Zwiebel darin andünsten. Wirsing mit Hirse dazugeben und kurz andünsten. Dann mit der Gemüsebrühe aufgießen, mit Salz, Pfeffer und Paprika würzen und zugedeckt in etwa 20 Min. ausquellen lassen. Dabei immer wieder durchrühren und eventuell noch etwas Brühe angießen.

Inzwischen die getrockneten Tomaten gut abtropfen lassen und grob hacken. Die frische Tomate waschen und würfeln, dabei vom Stielansatz befreien. Mit den Sonnenblumenkernen und dem Schafkäse im Mixer pürieren.

Knoblauch schälen und dazupressen. Die Creme mit dem Joghurt verrühren und mit Salz und Pfeffer abschmecken.

Basilikum waschen und in Streifen schneiden. Hirsewirsing in vorgewärmte Teller verteilen und mit etwas Tomatencreme bedecken. Mit Basilikum bestreut servieren. Übrige Creme getrennt dazu reichen.

Polenta-Tomaten-Flans mit Spargel-Erbsen-Ragout

gut vorzubereiten • für Gäste

Für 4 Personen

Für die Flans:
60 g Butter · Salz
150 g Polenta (Maisgrieß)
2 kleine Eier
1 Fleischtomate
1 Bund Petersilie
2 Knoblauchzehen
50 g frisch geriebener Pecorino
schwarzer Pfeffer
Butter für die Förmchen
Für das Gemüse:
500 g weißer Spargel
Salz
300 g enthülste Erbsen (frisch oder tiefgekühlt)
4 Schalotten
1 EL Butter
schwarzer Pfeffer
1 Bund Schnittlauch
1 EL Crème fraîche

Zubereitungszeit: 1 Std. 10 Min.

Pro Person etwa: 19 g E/ 23 g F/ 50 g KH
490 kcal

In einem Topf 3/8 l Wasser mit Butter und Salz zum Kochen bringen. Polenta einrühren, einmal aufkochen lassen. In eine Schüssel füllen, 1 Ei sofort unterrühren.

Tomate waschen und würfeln. Petersilie waschen, fein hacken. Knoblauch schälen und durchpressen. Restliches Ei mit Tomate, Petersilie, Knoblauch und Käse unter die Polenta mischen, salzen und pfeffern. Vier feuerfeste Förmchen von je 1/4 l Inhalt buttern. Die Polentamasse einfüllen.

Backofen auf 150° vorheizen. Förmchen in eine feuerfeste Form stellen, mit Alufolie verschließen, 4 cm hoch heißes Wasser angießen. Flans im Ofen (Umluft 130°) 45 Min. garen.

Spargel waschen, von den Enden befreien, von oben nach unten schälen und in 3 cm lange Stücke schneiden. Spitzen beiseite legen. Etwa 2 cm hoch Wasser mit Salz zum Kochen bringen. Spargelstücke darin 5 Min. kochen. Spitzen und Erbsen dazugeben und weitere 5 Min. garen. Gemüse abgießen, Flüssigkeit auffangen.

Schalotten schälen, halbieren und in Streifen schneiden. In der Butter 5 Min. andünsten. Gemüse dazugeben, mit etwa 100 ml Garflüssigkeit aufgießen, salzen und pfeffern.

Schnittlauch waschen und in 2–3 cm lange Stücke schneiden. Crème fraîche unter das Gemüse mischen.

Flans auf Teller stürzen. Gemüse rundherum verteilen und mit Schnittlauch garnieren.

Erbsen-Zitronen-Risotto

preiswert • gelingt leicht

Für 4 Personen

1 rote Zwiebel
50 g gemischte Kräuter (z. B. Borretsch, Rucola und Petersilie)
2 EL Rapsöl · 400 g Vollkorn-Risottoreis
1 l Gemüsebrühe · 300 g gepalte Erbsen
Salz · Pfeffer
1 Zitrone · 50 g frisch geriebener Pecorino

Zubereitungszeit: 50 Min.

Pro Person etwa: 18 g E/ 8 g F/ 99 g KH
540 kcal

Zwiebel schälen und fein hacken. Die Kräuter waschen, einige Blättchen beiseite legen, die restlichen fein hacken.

Zwiebel im Öl andünsten. Reis ungewaschen dazugeben und andünsten. Gehackte Kräuter untermischen.

1/4 l Brühe dazugeben und verdampfen lassen. Noch 1/4 l dazugeben und ebenfalls verdampfen lassen. Erbsen mit der übrigen Flüssigkeit untermischen, salzen, pfeffern und zugedeckt bei mittlerer Hitze in 30 Min. bißfest garen.

Zitrone schälen und klein würfeln. Mit Käse untermischen, mit übrigen Kräutern bestreuen.

Geschmorter Hafer mit Gemüse

raffiniert • preiswert

Für 4 Personen

200 g Haferkörner · 500 g Schwarzwurzeln · Salz
250 g Wirsing · 150 g Möhren
2 EL Olivenöl · 2–3 Knoblauchzehen
1/4 l Gemüsebrühe · Cayennepfeffer
2 EL Zitronensaft · 2 EL Crème fraîche
2 EL frisch gehackte Petersilie

Zubereitungszeit: 45 Min. (+ 1 Std. Kochzeit)

Pro Person etwa: 11 g E/ 11 g F/ 38 g KH
300 kcal

Hafer mit 1/2 l Wasser 1 Std. zugedeckt köcheln, dann nachquellen lassen.

Schwarzwurzeln bürsten, in Salzwasser 10 Min. kochen, abschrecken, schälen und in Stücke schneiden. Wirsing waschen, in Streifen, Möhren schälen, in Scheiben schneiden.

Wirsing und Möhren im Öl andünsten. Den Knoblauch dazupressen, zugedeckt 5 Min. schmoren.

Hafer mit Brühe, Schwarzwurzeln, Salz, Cayennepfeffer und Zitronensaft dazugeben, weitere 5 Min. schmoren. Crème fraîche untermischen, mit Petersilie bestreuen.

Mangoldröllchen mit Ricotta auf Tomaten

für Gäste • gelingt leicht

Für 4 Personen

1 Staude Mangold
Salz
1 Bund Frühlingszwiebeln
1 Möhre
1 Stange Staudensellerie
2 EL Olivenöl
1 Bund Basilikum
2 Knoblauchzehen
250 g weicher Ricotta
50 g frisch geriebener Parmesan
schwarzer Pfeffer
frisch geriebene Muskatnuß
800 g Tomaten
1 TL Honig

Zubereitungszeit: 50 Min.

Pro Person etwa: 16 g E/ 17 g F/ 12 g KH
260 kcal

Mangold waschen. 8 schöne Blätter ablösen. Reichlich Salzwasser zum Kochen bringen. Blätter darin 1 Min. blanchieren, kalt abschrecken und abtropfen lassen. 2 weitere Blätter ablösen und fein schneiden.

Frühlingszwiebeln waschen, putzen und fein hacken. Möhre und Sellerie waschen, putzen und klein würfeln.

Gehackten Mangold, Frühlingszwiebeln, Möhre und Sellerie in 1 EL Öl unter Rühren 2 Min. dünsten. Etwas abkühlen lassen.

Basilikum waschen, einige Blättchen zum Bestreuen beiseite legen, den Rest fein hacken. Knoblauch schälen und durchpressen.

Ricotta mit Parmesan, Knoblauch und Basilikum zum Gemüse geben, alles gut mischen und mit Salz, Pfeffer und Muskat abschmecken.

Mangoldblätter auf einem Brett ausbreiten. Füllung jeweils darauf verstreichen, dabei einen ausreichend großen Rand frei lassen. Seiten nach innen schlagen, Blätter aufrollen. In einen Siebeinsatz legen.

Röllchen über heißem Wasserdampf zugedeckt in 25 Min. bißfest garen.

Inzwischen Tomaten waschen und achteln. Restliches Öl erhitzen. Tomaten darin bei mittlerer Hitze unter Rühren 5 Min. garen. Mit Salz, Pfeffer und dem Honig abschmecken. Tomaten auf vorgewärmten Tellern verteilen. Mangoldröllchen darauf anrichten, mit den übrigen Basilikumblättchen bestreut servieren.

Gemüse-Couscous mit scharfer Joghurtsauce

für Gäste • raffiniert

Für 4 Personen

150 g getrocknete Kichererbsen
3 Zwiebeln · 4 Knoblauchzehen
1 Aubergine · 1 Zucchino
200 g grüne Bohnen · 300 g Möhren
1 Stück Kürbis (etwa 350 g)
200 g Spitzkohl
400 g Tomaten · Salz
400 g vorgegarter Couscous-Grieß
3 EL Olivenöl
1 Stück Zimtstange
1–2 getrocknete Chilischoten
1 Päckchen Safranfäden
1 Bund Petersilie
300 g flüssiger Joghurt
1–3 TL Harissa (scharfe Chilipaste)

Zubereitungszeit: 1 Std.
(+ Quellzeit über Nacht)

Pro Person etwa: 20 g E/ 8 g F/ 61 g KH
400 kcal

Kichererbsen über Nacht in Wasser quellen lassen. Dann im Einweichwasser 1 Std. zugedeckt bei mittlerer Hitze köcheln lassen.

Zwiebeln und Knoblauch schälen und fein hacken. Alle Gemüse waschen oder schälen und putzen. Aubergine und Zucchino würfeln, Bohnen von den Enden befreien, halbieren, Möhren und Kürbis in Stifte, Spitzkohl in Streifen schneiden. Tomaten würfeln.

Salzwasser zum Kochen bringen, Bohnen darin 5 Min. vorkochen. Abtropfen lassen.

Couscous in einer Schüssel mit lauwarmem Wasser bedecken und 15 Min. quellen lassen. Dann abtropfen lassen, zerkrümeln und in ein feinmaschiges Sieb geben. In einem Topf 3 cm hoch Wasser mit Salz zum Kochen bringen. Couscous im Sieb darüber hängen und zugedeckt bei mittlerer Hitze 30 Min. dämpfen.

Aubergine und Zucchino im Olivenöl anbraten. Zwiebeln, Knoblauch und Gemüse außer Tomaten dazugeben und kurz andünsten. Tomaten untermischen. Kichererbsen mit 100 ml Kochflüssigkeit dazugeben. Zimt und Chillie dazugeben. Safran in wenig Flüssigkeit anrühren und untermischen. Gemüse bei mittlerer Hitze zugedeckt 15 Min. schmoren, bis es bißfest ist. Salzen. Petersilie waschen, Blättchen abzupfen.

Joghurt mit Salz und Harissa verrühren. Couscous anrichten, in der Mitte eine Mulde formen. Gemüse hineingeben, mit Petersilie garnieren und mit dem Joghurt servieren.

Kräuterstrudel mit Paprikasauce

für Gäste • preiswert

FÜR 4 PERSONEN

Für den Strudel:
200 g Mehl · Salz
2 EL Öl · 1 Eigelb
2 Zwiebeln · 2 Knoblauchzehen
1 Handvoll Spinat
2 Bund gemischte Kräuter
3 EL Butter · 400 g cremige saure Sahne
2 Eier · 50 g Sonnenblumenkerne
schwarzer Pfeffer · Mehl zum Ausrollen
Fett für die Form
Für die Sauce:
3 rote Paprikaschoten
100 ml Gemüsefond · 1 EL Crème fraîche
1 TL eingelegte grüne Pfefferkörner
Salz · 1 TL Paprika, rosenscharf

ZUBEREITUNGSZEIT: 1 STD.
(+ 40 MIN. BACKZEIT)

Pro Person etwa: 18 g E/ 35 g F/ 54 g KH
600 kcal

MEHL mit 1 kräftigen Prise Salz, Öl, Eigelb und etwa 60 ml lauwarmem Wasser zu einem geschmeidigen glatten Teig verkneten, zu einer Kugel formen, in Pergament wickeln und unter einer heißen Schüssel 30 Min. ruhen lassen.

INZWISCHEN Zwiebeln und Knoblauchzehen schälen und hacken. Spinat und Kräuter waschen, abtropfen lassen und fein hacken. Zwiebeln mit Knoblauch, Spinat und Kräutern in 1 EL Butter unter Rühren bei mittlerer Hitze zusammenfallen lassen. Etwas abkühlen und abtropfen lassen. Mit saurer Sahne, Eiern und Sonnenblumenkernen mischen, salzen, pfeffern. Restliche Butter zerlassen.

BACKOFEN auf 200° vorheizen. Teig halbieren. Jede Portion auf einem bemehlten Küchentuch dünn ausrollen, dann über den Handrücken so dünn wie möglich ausziehen. Füllung darauf verteilen, Ränder nach innen klappen. Strudel aufrollen und in eine feuerfeste gefettete Form gleiten lassen. Mit zerlassener Butter bepinseln. Strudel im Ofen (Mitte, Umluft 180°) 40 Min. backen.

INZWISCHEN Paprikaschoten waschen, putzen und klein würfeln. 1 EL zugedeckt beiseite stellen. Restliche Paprika mit Fond zugedeckt 5 Min. dünsten. Samt Flüssigkeit pürieren und etwas abkühlen lassen. Crème fraîche untermischen und mit Pfefferkörnern, Salz und Paprika abschmecken, mit den Paprikawürfeln bestreuen. Strudel mit der Sauce servieren.

Blinis mit Gemüseragout

gut vorzubereiten • preiswert

Für 4 Personen

Für die Blinis:
10 g frische Hefe · 1 TL Honig
200 ml lauwarme Milch
80 g Buchweizenmehl · 80 g Dinkelmehl
Salz · 75 g saure Sahne
1 Ei · 2 EL Rapsöl

Für das Gemüse:
300 g Möhren · 300 g Rosenkohl
500 g Spinat · 1 Stange Lauch
2 Knoblauchzehen
1 EL Rapsöl · 1/8 l Gemüsebrühe
Salz · schwarzer Pfeffer
2–3 TL frisch geriebener Meerrettich
150 g körniger Frischkäse

Zubereitungszeit: 1 Std.
(+ Ruhezeit über Nacht)

Pro Person etwa: 24 g E/ 15 g F/ 39 g KH
425 kcal

Hefe zerkrümeln und mit Honig und Milch verrühren. 10 Min. stehenlassen. Beide Mehlsorten, 1 kräftige Prise Salz und die saure Sahne untermischen. Teig zugedeckt über Nacht in den Kühlschrank stellen.

Am nächsten Tag den Teig noch einmal durchkneten, das Ei untermischen. Teig zugedeckt 30 Min. gehen lassen.

Inzwischen Möhren putzen, schälen und in 1/2 cm dicke Scheiben schneiden. Rosenkohl putzen und halbieren. Spinat verlesen und gründlich waschen. Lauch putzen, waschen und mit dem zarten Grün in feine Ringe schneiden. Knoblauch schälen.

Öl in einem Topf erhitzen. Lauch mit Möhren und Rosenkohl darin andünsten. Den Knoblauch dazupressen, die Gemüsebrühe angießen und das Gemüse zugedeckt bei mittlerer Hitze 8 Min. dünsten.

Inzwischen in einer Pfanne knapp 1 EL Öl erhitzen. Vom Teig mit einem Löffel kleine Fladen hineinsetzen und bei mittlerer Hitze pro Seite 2 Min. braten. Gebackene Blinis jeweils im Backofen bei 50° warm halten.

Spinat unter das Gemüse mischen und noch so lange garen, bis er zusammengefallen ist. Mit Salz, Pfeffer und Meerrettich abschmecken. Den Frischkäse locker untermengen und das Gemüse zu den Blinis servieren.

Quarkpflänzchen mit Gemüsesalat

gut vorzubereiten • für Gäste

FÜR 4 PERSONEN

Für die Pflänzchen:
1 rote Zwiebel
400 g Schichtkäse
150 g Weizenvollkorngrieß
2 Eier
Salz · schwarzer Pfeffer
Butterschmalz zum Braten
Für den Salat:
100 g Zuckerschoten
1 kleiner Kohlrabi
150 g junge Möhren
1 Zucchino
1 rote Paprikaschote · Salz
1 Tomate
2 TL scharfer Senf
2 EL Zitronensaft
schwarzer Pfeffer
4 EL Rapsöl
1 Bund Schnittlauch

ZUBEREITUNGSZEIT: 1 STD.

Pro Person etwa: 23 g E/ 15 g F/ 42 g KH
390 kcal

FÜR die Pflänzchen Zwiebel schälen und fein hacken. Mit dem Schichtkäse, Grieß, den Eiern, Salz und Pfeffer mischen und mindestens 30 Min. quellen lassen.

INZWISCHEN Zuckerschoten waschen und putzen. Kohlrabi und Möhren schälen und würfeln. Zucchino waschen, putzen und würfeln. Paprikaschote waschen, halbieren, putzen und in Streifen schneiden.

IN einem Topf 1/2 l Wasser mit Salz zum Kochen bringen. Gemüse darin 4 Min. blanchieren, kalt abschrecken und abtropfen lassen.

TOMATE waschen und fein würfeln. Senf mit Zitronensaft, Salz und Pfeffer verrühren. Öl unterschlagen. Sauce mit Gemüse und Tomaten mischen und zugedeckt 30 Min. ziehen lassen.

DANN aus dem Quarkteig kleine Pflänzchen formen. In einer großen Pfanne Butterschmalz erhitzen. Die Pflänzchen darin pro Seite bei mittlerer Hitze 5 Min. braten.

SCHNITTLAUCH waschen und in Röllchen schneiden. Unter den Gemüsesalat mischen, abschmecken. Auf vorgewärmten Tellern mit den Pflänzchen servieren.

Hirsepflänzchen mit lauwarmem Bohnensalat

gut vorzubereiten • gelingt leicht

Für 4 Personen

200 g Hirse
Salz
1 EL Kürbiskerne
1 große Zwiebel
1 großes Bund Petersilie
2 kleine Eier
schwarzer Pfeffer
750 g breite grüne Bohnen
1 kleines Bund Radieschen
1 Bund Schnittlauch
1 1/2 EL Weißweinessig
3 EL Rapsöl
2 EL Sonnenblumenöl zum Braten

Zubereitungszeit: 50 Min.

Pro Person etwa: 15 g E/ 16 g F/ 47 g KH
390 kcal

Hirse in einem Sieb lauwarm waschen, dann mit 400 ml Wasser und Salz zum Kochen bringen. Zugedeckt bei schwacher Hitze in 20 Min. ausquellen lassen.

Dann die Kürbiskerne fein hacken. Zwiebel schälen und ebenfalls fein zerkleinern. Petersilie waschen, die Blättchen sehr fein hacken.

Hirse etwas abgekühlt mit Kürbiskernen, Zwiebel, Petersilie und Eiern mischen und mit Salz und Pfeffer würzen.

Bohnen waschen, von den Enden befreien und in Stücke von etwa 3 cm Länge schneiden. In einem Topf 4 cm hoch Wasser zum Kochen bringen. Die Bohnen darin zugedeckt bei starker bis mittlerer Hitze 8–10 Min. kochen, bis sie bißfest sind.

Inzwischen Radieschen waschen und zuerst in Scheiben, dann in Streifen schneiden. Schnittlauch waschen und in Röllchen teilen.

Beides mit Essig und Rapsöl mischen und mit Salz und Pfeffer würzen. 3–4 EL Bohnenkochwasser untermischen. Bohnen abtropfen lassen und untermengen.

Für die Pflänzchen Öl in einer Pfanne erhitzen. Aus der Hirsemasse 8 Pflänzchen formen, in die Pfanne setzen und bei mittlerer Hitze 5–6 Min. braten. Dann wenden und weitere 5–6 Min. braten. Mit dem lauwarm abgekühlten Bohnensalat servieren.

Linsenbällchen mit Möhrenjoghurt

preiswert • gelingt leicht

Für 4 Personen

Für die Linsenbällchen:
250 g braune Linsen
10 g getrocknete Steinpilze
1 Bund Frühlingszwiebeln
1 Bund Petersilie
50 g Pinienkerne
1 Ei
2 EL Vollkornsemmelbrösel
1 TL abgeriebene unbehandelte Zitronenschale
Salz · Cayennepfeffer
2 EL Rapsöl
Für den Möhrenjoghurt:
250 g Möhren
2 Knoblauchzehen
einige Zweige frische Minze
1 EL Rapsöl
Salz · 250 g Joghurt

Zubereitungszeit: 1 Std.

Pro Person etwa: 25 g E/ 19 g F/ 46 g KH
445 kcal

Für die Bällchen die Linsen mit 400 ml Wasser in einem Topf zum Kochen bringen und zugedeckt bei mittlerer Hitze in 30–40 Min. weich kochen. Gleichzeitig die Pilze in lauwarmem Wasser einweichen.

Für den Möhrenjoghurt die Möhren schälen, putzen und fein raspeln. Knoblauchzehen schälen und durchpressen. Minze waschen, die Blättchen fein hacken.

Öl erhitzen. Möhren darin unter Rühren kurz andünsten. In einer Schüssel mit dem Knoblauch und der Minze mischen. Salz und Joghurt untermengen, abkühlen lassen.

Für die Bällchen die Frühlingszwiebeln waschen, putzen und mit dem Grün sehr fein hacken. Petersilie waschen, die Blättchen fein schneiden. Die Steinpilze abtropfen lassen und fein zerkleinern, Pinienkerne hacken.

Linsen abtropfen lassen und mit dem Kartoffelstampfer zerdrücken. Mit Frühlingszwiebeln, Petersilie, Pilzen, Pinienkernen, Ei und Semmelbröseln verkneten und mit Zitronenschale, Salz und Cayennepfeffer abschmecken. Zu etwa tischtennisballgroßen Bällchen formen.

Öl in einer beschichteten Pfanne erhitzen. Linsenbällchen darin rundherum bei mittlerer Hitze in 10 Min. knusprig braten. Mit dem Möhrenjoghurt servieren.

Gedämpftes Gemüse mit Kräuter-Knoblauch-Quark

gelingt leicht • preiswert

Für 4 Personen

1 kg gemischtes Gemüse (z. B. Broccoli, 1 Stück Wirsing, Radicchio, Möhren, Pastinaken und 1 Stück Kürbis)
2 Zwiebeln
1/8 l Gemüsefond
2 Gewürznelken
2 Wacholderbeeren
2 Lorbeerblätter
1 Stück unbehandelte Zitronenschale
1 Bund gemischte Kräuter
4 Knoblauchzehen
500 g Quark (20 % Fett)
200 g saure Sahne
Salz · 1 TL Kümmel

Zubereitungszeit: 40 Min.

Pro Person etwa: 19 g E/ 9 g F/ 22 g KH
245 kcal

Gemüse je nach Sorte waschen oder schälen, putzen. In etwa gleich große Stücke schneiden.
In einem großen Topf Gemüsefond mit Wasser auffüllen, so daß die Flüssigkeit etwa 2 cm hoch ist. Nelken, Wacholderbeeren, Lorbeer und Zitronenschale dazugeben und zum Kochen bringen.
Gemüse in einen Dämpfeinsatz geben und über dem heißen Dampf zugedeckt bei mittlerer Hitze 20–25 Min. garen, bis es bißfest ist.
Inzwischen die Kräuter waschen, trockenschwenken, die Blättchen abzupfen und fein schneiden. Knoblauch schälen und durch die Presse in eine Schüssel drücken. Kräuter, Quark und saure Sahne untermischen und mit Salz und Kümmel abschmecken.
Heisses Gemüse mit dem Quark auf vorgewärmten Tellern servieren. Dazu passen außerdem Pellkartoffeln.

Kartoffel-Lauch-Curry

preiswert • raffiniert

Für 4 Personen

700 g festkochende Kartoffeln
700 g Lauch · 2 frische grüne Chilischoten
1 Stück frischer Ingwer (2 cm) · 1 Zwiebel
2 Knoblauchzehen · 3 EL Rapsöl
3 EL Mohnsamen · 2 TL gemahlener Kurkuma
1 TL Paprika, rosenscharf · 1 Prise Zimt
Salz · 2 EL frisch gehackte Petersilie
200 g Joghurt · 1 TL gemahlener Kreuzkümmel

Zubereitungszeit: 45 Min.

Pro Person etwa: 11 g E/ 9 g F/ 37 g KH
270 kcal

Kartoffeln schälen und würfeln. Lauch waschen, putzen und in 2 cm große Stücke schneiden. Chilischoten waschen putzen und in Ringe schneiden. Ingwer, Zwiebel und Knoblauchzehen schälen und fein hacken.

Kartoffeln im Öl bei mittlerer Hitze 5 Min. anbraten. Lauch mit Ingwermischung, Chillie, Mohn und Gewürzen 3 Min. mitdünsten.

Mit 450–500 ml Wasser aufgießen, salzen und zugedeckt bei mittlerer Hitze in 12–15 Min. bißfest schmoren. Petersilie mit Joghurt und Kreuzkümmel mischen und zum Curry servieren.

Auberginen-Kürbis-Gemüse

raffiniert • schmeckt auch kalt

Für 4 Personen

2 Auberginen (etwa 500 g) · 500 g Tomaten
500 g Kürbis (geputzt gewogen) · 2 rote Zwiebeln
5 Zweige frischer Rosmarin · 4 EL Olivenöl
1/8 l trockener Rotwein · 1/8 l Gemüsebrühe
1 Döschen Safranfäden · Salz · Cayennepfeffer
1 Bund Basilikum · 2 Knoblauchzehen

Zubereitungszeit: 40 Min.

Pro Person etwa: 5 g E/ 9 g F/ 23 g KH
215 kcal

Auberginen und Tomaten waschen, putzen und würfeln. Kürbis schälen, putzen und würfeln. Zwiebeln schälen und hacken. Rosmarin waschen, Nadeln grob hacken

Auberginen im Öl anbraten. Kürbis, Zwiebeln und Rosmarin kurz mitbraten. Tomaten, Wein und Brühe angießen. Safran mit Salz und Cayennnepfeffer zum Gemüse geben und zugedeckt bei mittlerer Hitze 12–15 Min. schmoren.

Basilikum in Streifen schneiden. Knoblauch schälen und fein hacken. Gemüse mit Basilikum und Knoblauch bestreut servieren.

Zucchini-Kräuter-Frittata mit Tomatendickmilch

gut vorzubereiten • schmeckt auch kalt

Für 4 Personen

400 g junge Zucchini
je 1 großes Bund Petersilie und Basilikum
je einige Zweige Estragon, Borretsch und Majoran
2 Zwiebeln
2 Knoblauchzehen
4 EL Olivenöl
8 Eier
Salz · schwarzer Pfeffer
400 g Tomaten
1 TL grüne Pfefferkörner
einige frische Minzblättchen
1 EL Mandelstifte
250 g Dickmilch

Zubereitungszeit: 45 Min.

Pro Person etwa: 20 g E/ 24 g F/ 10 g KH
340 kcal

Zucchini waschen und raspeln. Kräuter waschen, von den groben Stielen befreien und ebenfalls fein zerkleinern. Zwiebeln und Knoblauch schälen und fein würfeln.

In einer Pfanne 2 EL Öl erhitzen. Zucchini, Zwiebeln, Knoblauch und Kräuter hinzufügen und bei mittlerer bis starker Hitze unter Rühren etwa 5 Min. braten, bis sie zusammenfallen und die Flüssigkeit, die sich dabei bildet, wieder verdampft ist.

Eier mit einer Gabel leicht verschlagen, salzen und pfeffern. Die Zucchini-Kräuter-Mischung etwas abgekühlt untermischen.

Restliches Öl erhitzen, die Eiermasse hineingießen und bei schwacher Hitze in etwa 14 Min. stocken lassen. Dann auf einen Teller gleiten lassen, wenden und wieder in die Pfanne geben. Weitere 4 Min. braten.

Inzwischen die Tomaten waschen und sehr klein würfeln. Pfefferkörner abtropfen lassen und grob hacken. Minzeblätter waschen und in Streifen schneiden. Mandelstifte in einer trockenen Pfanne bei mittlerer Hitze goldgelb rösten.

Dickmilch mit Tomaten, Pfefferkörnern, Minze und Mandeln mischen und mit Salz abschmecken.

Frittata auf eine Tortenplatte geben, in Stücke schneiden und mit der Sauce servieren.

Zwiebelgratin mit Brot und Tomaten

preiswert • raffiniert

Für 4 Personen

400 g rote Zwiebeln
400 g Tomaten
1/2 Vollkornbaguette (etwa 200 g)
je 1 Bund Basilikum und Petersilie
2–3 Knoblauchzehen
2 EL Olivenöl
Salz · schwarzer Pfeffer
1 Prise Cayennepfeffer
125 g Mozzarella
2 EL frisch geriebener Pecorino

Zubereitungszeit: 20 Min. (+ 35 Min. Backzeit)

Pro Person etwa: 14 g E/ 11 g F/ 12 g KH
310 kcal

Zwiebeln schälen, halbieren und in feine Streifen schneiden. Tomaten waschen und klein würfeln, dabei den Stielansatz entfernen. Baguette in mundgerechte Würfel schneiden.

Backofen auf 200° vorheizen. Kräuter waschen, trockenschwenken und die Blättchen abzupfen. Einen Teil beiseite legen, die restlichen Kräuter fein schneiden. Knoblauchzehen schälen und fein hacken.

Knoblauch mit Kräutern, Olivenöl, Brot, Tomaten und Zwiebeln mischen und mit Salz, Pfeffer und Cayennepfeffer abschmecken. In eine feuerfeste Form füllen.

Mozzarella abtropfen lassen und in sehr dünne Scheiben schneiden. Auf den Zutaten verteilen und mit dem Pecorino bestreuen. Gratin im heißen Ofen (Mitte, Umluft 180°) 35 Min. backen, bis er schön gebräunt ist. Die übrigen Kräuter fein schneiden und vor dem Servieren aufstreuen.

Dazu schmecken Kartoffeln oder auch ein kleines Lammkotelett.

Blumenkohl-Broccoli-Gratin

preiswert • gelingt leicht

Für 4 Personen

1 kleiner Blumenkohl (etwa 600 g)
400 g Broccoliröschen · Salz
1 Stange Lauch · 1 EL Dinkelmehl
1 EL Öl · 2 Knoblauchzehen
100 g saure Sahne
100 g frisch geriebener Bergkäse
1 EL Pistazienkerne

Zubereitungszeit: 25 Min.
(+ 30–35 Min. Backzeit)

Pro Person etwa: 15 g E/ 14 g F/ 13 g KH
225 kcal

Blumenkohl in Röschen schneiden, mit Broccoli waschen. Beides in wenig Salzwasser 5 Min. kochen, vom Kochwasser 3/8 l abmessen.
Lauch putzen und in Streifen schneiden. Mehl mit Lauch im Öl anschwitzen. Kochwasser angießen und 10 Min. köcheln lassen.
Backofen auf 200° vorheizen. Kohl in einer feuerfesten Form verteilen. Knoblauch schälen und zur Sauce pressen. Saure Sahne untermischen, salzen, pfeffern. Sauce mit Käse und Nüssen über das Gemüse geben. 30–35 Min. (Umluft 180°) überbacken.

Sauerkraut-Nudel-Auflauf

preiswert • gut vorzubereiten

Für 4 Personen

150 g Makkaroni · Salz · 250 g Sauerkraut
1 Petersilienwurzel · 1 Möhre
1 rote Paprikaschote
1 Bund Frühlingszwiebeln · schwarzer Pfeffer
300 g fester Joghurt · 100 g Schafkäse
3 Eier · 1 TL Paprika, rosenscharf
1 TL Honig · 2 EL Sonnenblumenkerne · 1 EL Butter

Zubereitungszeit: 20 Min.
(+ 35 Min. Backzeit)

Pro Person etwa: 22 g E/ 19 g F/ 41 g KH
415 kcal

Nudeln in Stücke brechen und in kochendem Salzwasser garen. Abschrecken.
Sauerkraut kleinschneiden. Petersilienwurzel und Möhre schälen und raspeln. Paprikaschote putzen und würfeln. Frühlingszwiebeln waschen und in Ringe schneiden.
Backofen auf 180° vorheizen. Nudeln und Gemüse salzen, pfeffern. Joghurt mit Käse, Eiern, Salz, Paprika und Honig pürieren, untermischen. In eine feuerfeste Form geben, mit Sonnenblumenkernen und Butterflöckchen belegen. Im heißen Ofen (Umluft 160°) 45 Min. backen.

Kartoffel-Spitzkohl-Gratin mit Nußkruste

raffiniert • preiswert

Für 4 Personen

800 g festkochende Kartoffeln
500 g Spitzkohl
Salz
1 EL Kümmel
2 große Zwiebeln
2 Knoblauchzehen
1 Bund Petersilie
100 g geschälte Mandeln
150 g saure Sahne
100 g frisch geriebener Bergkäse oder Greyerzer
schwarzer Pfeffer
frisch geriebene Muskatnuß
1 Tomate

Zubereitungszeit: 40 Min.
(+ 30 Min. Backzeit)

Pro Person etwa: 21 g E/ 26 g F/ 45 g KH
500 kcal

Kartoffeln waschen und in der Schale in Wasser 20 Min. vorgaren.

Inzwischen Spitzkohlblätter waschen und in Streifen schneiden. In einem Topf mit wenig Wasser und Salz zum Kochen bringen und zugedeckt bei starker Hitze 5 Min. vorgaren. 1/8 l Kochwasser auffangen.

Backofen auf 200° vorheizen. Kartoffeln schälen, in Scheiben schneiden und mit dem abgetropften Spitzkohl in eine flache feuerfeste Form schichten. Mit Salz und Kümmel bestreuen, das Kochwasser angießen.

Zwiebeln schälen und würfeln. Knoblauch schälen und grob hacken. Petersilie waschen und grob zerzupfen. Diese drei Zutaten mit Mandeln und saurer Sahne im Mixer fein zerkleinern.

Käse unter die Sauce mischen und diese mit Salz, Pfeffer und Muskat abschmecken. Über den Zutaten in der Form verteilen.

Gratin im heißen Ofen (Umluft 180°) 30 Min. backen, bis er schön gebräunt ist. Die Tomate waschen, würfeln und darüber streuen.

Paprikatarte mit Lauch

gut vorzubereiten • schmeckt auch kalt

Für 4–6 Personen

Für den Teig:
200 g Dinkelvollkornmehl
75 g Butter
50 g Joghurt · Salz
etwas Mehl zum Ausrollen
Für den Belag:
3 mittelgroße rote Paprikaschoten
2 dünne Stangen Lauch
2 rote Zwiebeln · 2 Knoblauchzehen
1 Bund Petersilie
3 Eier · 200 g saure Sahne
1 TL scharfer Senf
Salz · schwarzer Pfeffer
8 schwarze Oliven

Zubereitungszeit: 45 Min.
(+ 1 Std. Kühlzeit + 45 Min. Backzeit)

Bei 6 Portionen pro Person etwa:
12 g E/ 19 g F/ 35 g KH
350 kcal

Für den Teig das Mehl mit der Butter in kleinen Stücken, dem Joghurt und dem Salz zu einem glatten Teig verkneten. Den Teig auf wenig Mehl zu einem runden Fladen von etwa 35 cm Ø ausrollen. Eine Tarteform von 30 cm Ø mit dem Teig auskleiden. Teig mit einer Gabel mehrmals einstechen und 1 Std. kühl stellen.

Inzwischen Paprikaschoten waschen, halbieren, putzen und in feine Streifen schneiden. Lauch putzen, der Länge nach halbieren. Falls nötig, zwischen den Blättern waschen. Lauch in feine Streifen schneiden. Zwiebeln und Knoblauch schälen und fein hacken. Petersilie waschen, Blättchen abzupfen. Einen Teil zugedeckt beiseite stellen, den Rest fein hacken.

Backofen auf 200° vorheizen. Eier mit saurer Sahne verrühren und mit Senf, Salz und Pfeffer abschmecken.

Paprika mit Lauch, Petersilie, Zwiebeln und Knoblauch mischen, salzen, pfeffern und auf dem Teig verteilen. Mit der Eiercreme bedecken und mit den abgetropften Oliven belegen. Im heißen Ofen (Mitte, Umluft 180°) 45 Min. backen, bis der Belag fest und gebräunt ist. Mit den restlichen Petersilienblättchen bestreuen.

Wirsing-Rosenkohl-Tarte mit Brot

raffiniert • gelingt leicht

Für 4 Personen

500 g Wirsing
500 g Rosenkohl
Salz
100 g Roquefort
1 Bund Petersilie
8–10 dünne Scheiben nicht zu festes Vollkornbrot
2 EL Sonnenblumenkerne
3 Eier
200 g Schmand (ersatzweise Crème fraîche)
1 TL Kümmel
schwarzer Pfeffer
1 EL Butter + Butter für die Form

Zubereitungszeit: 35 Min.
(+ 40 Min. Backzeit)

Pro Person etwa: 26 g E/ 31 g F/ 26 g KH
480 kcal

Wirsing in die einzelnen Blätter teilen und waschen, in feine Stücke schneiden, dabei dicke Blattrippen wegschneiden. Rosenkohl putzen, waschen und vierteln. In einem weiten Topf etwa 2 cm hoch Wasser mit Salz zum Kochen bringen. Wirsing und Rosenkohl darin gut zugedeckt 5 Min. kochen lassen, dann gut abtropfen.

Roquefort fein würfeln. Petersilie waschen, einige Blättchen beiseite legen, den Rest fein hacken. Den Backofen auf 180° vorheizen. Eine Springform von 28 cm Ø mit Butter ausstreichen.

Brotscheiben so zuschneiden, daß man die Form damit auskleiden kann. In die Form legen. Wirsing und Rosenkohl mit Roquefort, Petersilie, Sonnenblumenkernen, Eiern, Schmand und Kümmel mischen und mit Salz und Pfeffer abschmecken. In die Form auf die Brotscheiben füllen und gleichmäßig verteilen.

Butter in Flöckchen schneiden und auf der Oberfläche verteilen. Die Quiche im heißen Ofen (Mitte, Umluft 160°) 40 Min. backen, bis sie schön gebräunt ist. 10 Min. in der Form stehenlassen, dann mit den übrigen Petersilienblättchen bestreut servieren.

Zwiebel-Lauch-Lasagne

preiswert • raffiniert

Für 4 Personen

200 g Vollkorn-Lasagneblätter · Salz
400 g rote Zwiebeln
400 g Lauch · 1 EL Öl
4 Knoblauchzehen
600 g Tomaten
50 g Pinienkerne
1 großes Bund Petersilie
schwarzer Pfeffer
30 g Butter · 30 g Dinkelvollkornmehl
400 ml Gemüsebrühe
125 g frisch geriebener Bergkäse
frisch geriebene Muskatnuß
2 TL Zitronensaft
100 g Gorgonzola oder Roquefort

Zubereitungszeit: 40 Min. (+ 40 Min. Backzeit)

Pro Person etwa: 29 g E/ 35 g F/ 63 g KH
685 kcal

Lasagneblätter eventuell in Salzwasser nach Packungsaufschrift vorgaren, kalt abschrecken und abtropfen lassen.

Zwiebeln schälen und fein würfeln. Lauch gründlich waschen, putzen und mit dem zarten Grün in feine Ringe schneiden. Beides im Öl unter Rühren bei mittlerer Hitze 2 Min. dünsten, beiseite stellen.

Knoblauch schälen und dazupressen. Tomaten waschen, fein würfeln und mit den Pinienkernen zur Zwiebelmasse geben.

Petersilie waschen, einen Teil der Blättchen beiseite legen. Den Rest fein hacken, unter die Zwiebelmasse mischen, salzen und pfeffern.

Butter in einem Topf zerlassen, Mehl darin unter Rühren anschwitzen. Brühe unter ständigem Rühren angießen. Sauce offen bei mittlerer Hitze 10 Min. köcheln lassen.

Geriebenen Käse untermischen und die Sauce mit Salz, Pfeffer, Muskat und Zitronensaft abschmecken.

Backofen auf 180° vorheizen. Eine rechteckige feuerfeste Form lagenweise mit Nudelblättern, Zwiebelmasse und Sauce füllen, die oberste Schicht sollte aus Teigblättern bestehen. Die restliche Sauce darüber gießen. Den Gorgonzola oder Roquefort in kleine Würfel schneiden und auf der Oberfläche verteilen.

Lasagne im heißen Ofen (Mitte, Umluft 160°) 40 Min. backen, bis sie schön gebräunt ist. Mit der übrigen Petersilie bestreut servieren.

FISCH UND FLEISCH*

*

FISCH und Fleisch auf dem Teller sind keineswegs tabu! Ganz im Gegenteil tragen sie zu einer guten Versorgung mit den Vitaminen der B-Gruppe, den wichtigen Mineralstoffen Eisen und Zink sowie den Omega-3-Fettsäuren (in fettem Meeresfisch) und vielem mehr bei. Vorausgesetzt Sie achten auf zwei Dinge: Tierische Produkte nicht zu oft essen, da sie relativ viel Fett enthalten und Fleisch und Fisch nur von bester Qualität kaufen. Tiere aus Massentierhaltung enthalten die gewünschten Inhaltsstoffe zwar auch, allerdings neben so unerwünschten Stoffen wie Antibiotika und Beruhigungsmitteln. Ganz zu schweigen von dem unwürdigen Leben, das die Tiere in diesen Massenbetrieben führen müssen!

KAUFEN Sie also Fisch und Fleisch kritisch ein – in Ihrem Interesse und in dem der Tiere!

Makrele aus dem Ofen auf Gemüse

für Gäste • gelingt leicht

FÜR 4 PERSONEN

1 unbehandelte Zitrone
3 Knoblauchzehen
1 Bund Frühlingszwiebeln
1 Bund Petersilie
3 Makrelen (je etwa 400 g)
Salz · weißer Pfeffer
1 Aubergine · 2 Zucchini
1 weiße Zwiebel
4 kleine Artischocken
1 große Kartoffel
2 Stangen Staudensellerie
400 g Tomaten
einige Zweige Rosmarin und Thymian
2 EL Olivenöl

ZUBEREITUNGSZEIT: 35 MIN.
(+ 40 MIN. GARZEIT)

Pro Person etwa: 59 g E/ 36 g F/ 2 g KH
635 kcal

ZITRONE heiß waschen, abtrocknen und in dünne Scheiben schneiden, diese halbieren. Knoblauch schälen und in Scheibchen schneiden. Frühlingszwiebeln putzen, waschen und der Länge nach in Streifen schneiden. Einige Petersilienzweige waschen.

MAKRELEN innen und außen gründlich kalt waschen und abtrocknen. Mit Salz und Pfeffer würzen. Zitronenscheiben, Knoblauch, Zwiebelstreifen und gewaschene Petersilienzweige in die Fischbäuche verteilen.

BACKOFEN auf 200° vorheizen. Aubergine und Zucchini waschen und in feine Scheiben schneiden. Zwiebel schälen und in Ringe teilen.

ARTISCHOCKEN von den äußeren Blättern befreien, die Spitzen abschneiden. Artischocken der Länge nach achteln. Kartoffel schälen und in feine Scheiben hobeln. Sellerie waschen, putzen und in Scheiben teilen. Tomaten waschen und würfeln. Kräuter mit der übrigen Petersilie waschen, von den Stielen befreien und fein zerkleinern.

AUBERGINE, Zucchini, Zwiebel, Kartoffel und Artischocken lagenweise dachziegelartig in eine feuerfeste Form schichten, mit Kräutern bestreuen, salzen und pfeffern. Tomaten und Sellerie darauf verteilen, mit dem Öl beträufeln.

GEMÜSE im heißen Ofen (Mitte, Umluft 180°) 20 Min. garen. Dann den Fisch darauf legen und alles weitere 20 Min. garen. Die Makrelen filetieren, in 4 Portionen teilen und mit dem Gemüse auf vorgewärmten Tellern anrichten.

Gedämpfter Fisch mit grüner Sauce

gelingt leicht • für Gäste

Für 4 Personen

4 Kabeljaukoteletts (je etwa 160 g) · Salz · Pfeffer
Schale und Saft von 1 unbehandelten Zitrone
1 frische grüne Pfefferschote
2 Frühlingszwiebeln · 50 g gemischte Kräuter
2 EL Kapern · 2–4 Knoblauchzehen
2 TL scharfer Senf · 5 EL Olivenöl · 50 ml Gemüsebrühe

Zubereitungszeit: 25 Min.

Pro Person etwa: 30 g E/ 12 g F/ 8 g KH
245 kcal

Fischfilets salzen, pfeffern und mit der Hälfte vom Zitronensaft beträufeln.
Pfefferschote und Frühlingszwiebeln waschen, putzen und sehr fein hacken. Kräuter waschen, mit Kapern kleinschneiden. Alles mischen. Knoblauch schälen und dazupressen. Mit Senf, Öl und Brühe verrühren, salzen, pfeffern.
In einem Topf etwa 2 cm hoch Wasser mit Salz zum Kochen bringen. Fischfilets in einen Dämpfeinsatz geben und über dem heißen Wasserdampf zugedeckt 4–5 Min. dämpfen. Mit der Sauce auf vorgewärmten Tellern servieren.

Fischröllchen auf Tomaten-Kräuter-Sauce

raffiniert • für Gäste

Für 4 Personen

1 dünne Stange Lauch · 2 Knoblauchzehen
100 g gepalte Erbsen · 50 g Sahne · 1 Eiweiß
1–2 TL abgeriebene unbehandelte Zitronenschale
1 EL frisch gehackte Petersilie · Salz · Pfeffer
8 Seezungen- oder Schollenfilets
600 g Tomaten · 1 großes Bund gemischte Kräuter
100 ml trockener Weißwein (ersatzweise Gemüsebrühe)
1 EL Olivenöl · 1 TL Honig · 1 EL Butter

Zubereitungszeit: 40 Min.

Pro Person etwa: 25 g E/ 11 g F/ 12 g KH
265 kcal

Lauch waschen, grob schneiden. Knoblauch schälen, beides mit Erbsen, Sahne und Eiweiß pürieren. Zitronenschale und Petersilie untermischen, salzen und pfeffern.
Backofen auf 200° vorheizen. Fischfilets mit Erbsenmasse bestreichen und aufrollen. Tomaten waschen, pürieren. Kräuter waschen, hacken.
Tomaten mit Kräutern, Wein, Öl und Honig in einer feuerfesten Form mischen, salzen, pfeffern. Im Ofen (Umluft 180°) 10 Min. garen. Röllchen darauf setzen, mit Butterflöckchen belegt in 12–15 Min. garen.

Sardinen und Fenchel mit Zitrone

gut vorzubereiten • für Gäste

Für 4 Personen

3 Fenchelknollen
850 g frische Sardinen
Salz · schwarzer Pfeffer
2 unbehandelte Zitronen
4 Knoblauchzehen
1 Bund Petersilie
1/8 l trockener Weißwein (ersatzweise Fisch- oder Gemüsefond)
1 TL Fenchelsamen
2 EL Pinienkerne
2 EL Olivenöl

Zubereitungszeit: 1 Std.

Pro Person etwa: 85 g E/ 16 g F/ 15 g KH
405 kcal

Fenchel waschen, putzen und der Länge nach achteln. Den Strunk jeweils herausschneiden, zartes Fenchelgrün abschneiden und beiseite legen. In einem Topf 2 cm hoch Wasser zum Kochen bringen, Fenchel darin gut zugedeckt 5 Min. kochen, dann abtropfen lassen.

Sardinen waschen und am Bauch der Länge nach aufschlitzen. Die Mittelgräte mit einem Messer oder Löffelstiel lösen und abziehen. Die Köpfe abschneiden. Die Fische innen und außen mit Salz und Pfeffer würzen.

Zitronen heiß waschen und abtrocknen, dann in Scheiben schneiden. Knoblauch schälen und durchpressen. Petersilie waschen, die Blättchen fein hacken.

Backofen auf 240° vorheizen. Den Fenchel, die Sardinen und die Zitronenscheiben abwechselnd dachziegelartig in eine feuerfeste Form schichten. Wein am Rand der Form angießen. Knoblauch mit Petersilie, Fenchelsamen und Pinienkernen mischen und darüber streuen. Olivenöl darüber träufeln.

Fisch im heißen Ofen (Mitte, Umluft 220°) 15 Min. backen. Dann mit dem gehackten Fenchelgrün bestreut servieren.

Dazu schmecken (Vollkorn-)Baguette oder Kartoffeln.

Matjes-Gurken-Apfel-Tatar mit Ofenkartoffeln

preiswert • gelingt leicht

FÜR 4 PERSONEN

8 längliche, mittelgroße Kartoffeln
1 EL Rapsöl · 1/2 Salatgurke
1 säuerlicher Apfel · 500 g Matjesfilets
1 Essiggurke · 1 großes Bund Dill
150 g saure Sahne · 5 EL Zitronensaft
1 TL grüne Pfefferkörner · Salz

ZUBEREITUNGSZEIT: 20 MIN.
(+ 35–45 MIN. BACKZEIT)

Pro Person etwa: 26 g E/ 33 g F/ 37 g KH
555 kcal

BACKOFEN auf 180° vorheizen. Kartoffeln waschen, der Länge nach halbieren, mit Öl bestreichen und mit den Schnittflächen nach unten auf ein Backblech legen. Im Ofen (Umluft 160°) in 35–45 Min. weich backen.

GURKE und Apfel gründlich waschen und sehr klein würfeln. Matjes und Essiggurke fein hacken. Dill waschen, Spitzen abschneiden.

ZERKLEINERTE Zutaten mit saurer Sahne mischen und mit Zitronensaft, Pfefferkörnern und Salz abschmecken. Das Matjestatar zu den Ofenkartoffeln servieren.

Gebratene Heringe mit Grünkohlgemüse

preiswert • schnell

FÜR 4 PERSONEN

1/2 Bund Bohnenkraut · 50 g feiner Haferschrot
800 g grüne Heringe (vom Händler filetieren lassen; ersatzweise größere Sardinen) · Salz · Pfeffer
800 g Grünkohl · 1 Stange Lauch
3 EL Rapsöl · 150–200 ml Gemüsebrühe
1 TL Kümmel · 1–2 EL frisch gehackte Petersilie
Zitronenschnitze zum Garnieren

ZUBEREITUNGSZEIT: 35 MIN.

Pro Person etwa: 28 g E/ 45 g F/ 15 g KH
575 kcal

BOHNENKRAUT waschen, Blättchen hacken. Mit dem Haferschrot mischen. Heringsfilets salzen, pfeffern und im Schrot wenden.

GRÜNKOHL waschen, von den Stielen streifen. Lauch putzen, waschen, in Ringe schneiden.

LAUCH in 1 EL Öl andünsten. Grünkohl kurz mitdünsten. Brühe und Kümmel hinzufügen, salzen, pfeffern und zugedeckt 10 Min. schmoren.

HERINGSFILETS im übrigen Öl bei mittlerer Hitze pro Seite 4 Min. braten.

PETERSILIE unter den Grünkohl mischen, mit Heringen und Zitronenschnitzen servieren.

Spitzkohlrouladen mit Fisch-Brot-Füllung

gelingt leicht • raffiniert

Für 4 Personen

100 g altbackenes Vollkornbrot
400 g Fischfilet (z. B. Kabeljau, Rotbarsch oder Heilbutt)
1 Chicorée
1 Bund Petersilie
1 Bund Frühlingszwiebeln
1 rote Zwiebel
2 kleine Eier
1 EL geriebener Meerrettich (frisch oder aus dem Glas)
Salz · Pfeffer
8 Spitzkohlblätter
1 EL Rapsöl
etwa 300 ml Gemüsebrühe
2 EL saure Sahne
1 TL Paprika, edelsüß

Zubereitungszeit: 55 Min.

Pro Person etwa: 27 g E/ 9 g F/ 25 g KH
275 kcal

Vollkornbrot in Würfel schneiden und in lauwarmem Wasser weich werden lassen. Fisch waschen, trockentupfen und sehr fein würfeln. Chicorée waschen und in Streifen schneiden, dabei den Strunk entfernen. Petersilie waschen, die Blättchen fein schneiden. Frühlingszwiebeln putzen, gründlich waschen und mit dem zarten Grün in feine Ringe schneiden. Zwiebel schälen und fein hacken.

Brot ausdrücken und mit Fisch, Chicorée, Petersilie, Frühlingszwiebeln und Zwiebel mischen. Ei und Meerrettich untermengen, die Masse mit Salz und Pfeffer abschmecken.

Spitzkohlblätter waschen, von den dicken Blattrippen befreien und in kochendem Salzwasser 2 Min. blanchieren, bis sie biegsam sind. Kurz kalt abschrecken.

Blätter auf der Arbeitsfläche ausbreiten, mit der Fischmasse bedecken. Die Ränder einschlagen und die Blätter wie Rouladen aufrollen. Mit Zahnstochern feststecken.

Öl in einem Bräter erhitzen, Rouladen darin andünsten. Brühe angießen und die Rouladen zugedeckt bei mittlerer Hitze 25 Min. schmoren. Dabei eventuell noch Flüssigkeit angießen.

Dann herausnehmen. Saure Sahne unter die Sauce mischen, mit Salz und Paprika abschmecken, eventuell etwas einkochen lassen. Mit den Rouladen servieren.

Fischfilets in der Kartoffelkruste mit roher Tomatensauce

für Gäste • raffiniert

FÜR 4 PERSONEN

300 g reife, aber feste Tomaten
1 junger Zucchino
1 Bund Basilikum
2 TL Aceto balsamico
1 TL kleine Kapern
Salz · weißer Pfeffer
3 EL Olivenöl
4 dünnere Fischfilets (z. B. Petersfisch oder Viktoriabarsch, je etwa 150 g)
3 TL abgeriebene unbehandelte Zitronenschale
4 mittelgroße mehligkochende Kartoffeln (etwa 450 g)
50 g Kartoffelmehl

ZUBEREITUNGSZEIT: 40 MIN.

Pro Person etwa: 31 g E/ 8 g F/ 30 g KH
320 kcal

FÜR die Sauce die Tomaten und den Zucchino waschen, putzen und möglichst klein würfeln. Basilikum waschen, die Blättchen abzupfen und in Streifen schneiden.

TOMATEN und Zucchino mit Basilikum, Essig, Kapern, Salz, Pfeffer und 1 EL Öl mischen und zugedeckt beiseite stellen.

FISCHFILETS kalt abspülen und trockentupfen. Mit der Zitronenschale einreiben und mit Salz und Pfeffer würzen.

KARTOFFELN waschen, schälen und mit dem Gurkenhobel in feine Scheiben teilen. Kartoffelscheiben gut trockentupfen, salzen und im Kartoffelmehl wenden.

DIE Hälfte der Kartoffeln wie Fischschuppen auf einer Seite der Fischfilets verteilen und so zusammendrücken, daß sie eine Schicht bilden.

RESTLICHES Öl in einer beschichteten Pfanne erhitzen. Fischfilets mit der belegten Seite nach unten vorsichtig hineinlegen. Mit den restlichen Kartoffelscheiben belegen und bei mittlerer Hitze 5 Min. garen, bis die Kartoffelschicht schön gebräunt ist. Wenden und weitere 5 Min. braten.

FISCHFILETS mit der Sauce auf vorgewärmten Tellern servieren.

Fisch auf Kürbis-Linsen-Gemüse

preiswert • raffiniert

Für 4 Personen

200 g schwarze Linsen
300 g Kürbis (geputzt gewogen)
1 Stange Lauch
1 Zwiebel
2 Knoblauchzehen
1 walnußgroßes Stück frischer Ingwer
1/2 Bund Thymian
700 g Kabeljau oder Heilbutt am Stück
Saft von 1 Zitrone
1 EL Rapsöl
3/8 l Gemüsebrühe
Salz · Cayennepfeffer
2 EL saure Sahne

Zubereitungszeit: 50 Min.

Pro Person etwa: 46 g E/ 5 g F/ 38 g KH
380 kcal

Linsen waschen, in einem Topf von Wasser bedeckt zum Kochen bringen und zugedeckt bei mittlerer Hitze 20–25 Min. vorgaren. Dann abtropfen lassen.

Inzwischen Kürbis schälen und in Würfel schneiden. Lauch putzen, waschen und in feine Ringe schneiden. Zwiebel, Knoblauch und Ingwer schälen und fein hacken. Thymian waschen, die Blättchen abstreifen.

Fisch waschen, abtrocknen, in mundgerechte Stücke schneiden und mit dem Zitronensaft beträufeln.

Rapsöl in einer hohen Pfanne oder einem Topf erhitzen. Zwiebel mit Lauch, Knoblauch und Ingwer darin andünsten. Kürbis kurz mitdünsten. Thymian mit Linsen dazugeben, alles mit der Gemüsebrühe aufgießen und zugedeckt bei mittlerer Hitze 10 Min. garen, bis die Kürbiswürfel bißfest sind.

Gemüse mit Salz und Cayennepfeffer abschmecken, Fisch darauf legen und alles zugedeckt noch 5–8 Min. garen, bis der Fisch nicht mehr glasig ist. Auf Teller verteilen, jeweils mit etwas saurer Sahne garnieren und servieren.

Dazu schmeckt Vollkornbaguette.

Fisch-Gemüse-Ragout mit Zitronenreis

preiswert • gelingt leicht

Für 4 Personen

1 unbehandelte Zitrone
1 Bund Petersilie
1 Zwiebel
150 g Langkornreis
600 g festfleischiges Fischfilet (z. B. Lachs, Brasse oder Kabeljau)
150 g Zuckerschoten
1 Bund Frühlingszwiebeln
1 Handvoll Spinat
1 EL Sonnenblumenkerne
1 EL Butter
300 ml Gemüsebrühe
2 EL Rapsöl
150 g ausgepalte Erbsen
1/8 l trockener Weißwein (ersatzweise Gemüsebrühe)
Salz · schwarzer Pfeffer
50 g Crème fraîche
1 Bund Schnittlauch

Zubereitungszeit: 45 Min.

Pro Person etwa: 37 g E/ 16 g F/ 61 g KH
540 kcal

Zitrone heiß waschen. Schale fein abreiben, eine Hälfte auspressen, die andere schälen und sehr klein würfeln. Petersilie waschen, einen Teil der Blätter beiseite legen, den Rest fein hacken. Zwiebel schälen und fein hacken.

Reis waschen und abtropfen lassen. Fisch würfeln und mit dem Zitronensaft mischen. Zuckerschoten waschen und abfädeln. Frühlingszwiebeln waschen, putzen und nur von dem sehr dunklen Grün befreien. Der Länge nach achteln. Spinat waschen, verlesen und abtropfen lassen.

Für den Reis Zwiebel mit Sonnenblumenkernen in der Butter andünsten. Reis mit Petersilie kurz mitdünsten. Mit Brühe aufgießen und zugedeckt bei schwacher Hitze 20 Min. quellen lassen.

Öl erhitzen. Frühlingszwiebeln mit Zuckerschoten darin unter ständigem Rühren bei mittlerer Hitze 3 Min. garen. Erbsen und Spinat dazugeben, mit Weißwein aufgießen, salzen, pfeffern und zugedeckt weitere 3 Min. dünsten.

Crème fraîche untermischen, den Fisch vorsichtig unterheben und alles zugedeckt weitere 3 Min. garen.

Inzwischen Schnittlauch waschen und in Röllchen schneiden. Restliche Petersilie fein hacken. Zitronenwürfel und Petersilie unter den Reis mischen, salzen.

Gemüse-Fisch-Ragout mit dem Zitronenreis auf Tellern anrichten. Mit Schnittlauch bestreut servieren.

Buchweizennudeln mit Mangold und Lachs

raffiniert • gut vorzubereiten

Für 4 Personen

150 g Buchweizenmehl
250 g Weizen- oder Dinkelmehl (Type 1050)
Salz
Mehl für die Arbeitsfläche
4 Mangoldblätter
300 g Lachsfilet
Saft von 1/2 Zitrone
2 Schalotten
1/2 Bund Petersilie
1 EL Butter
einige Anis- oder Fenchelsamen
1/8 l trockener Weißwein oder Fischfond
schwarzer Pfeffer
1 EL Crème fraîche
Dillblüten zum Garnieren

Zubereitungszeit: 1 Std.
(+ 1 1/2 Std. Ruhezeit)

Pro Person etwa: 33 g E/ 17 g F/ 79 g KH
620 kcal

Für die Nudeln beide Mehlsorten mit 1 TL Salz und etwa 200 ml lauwarmem Wasser zu einem glatten Teig verkneten. Teig zu einer Kugel formen und zugedeckt bei Zimmertemperatur 30 Min. ruhen lassen.

Dann den Teig in Portionen teilen und auf wenig Mehl oder in der Nudelmaschine zu dünnen Platten formen. Zu Bandnudeln schneiden, auseinander lösen und auf bemehlten Küchentüchern mindestens 1 Std. trocknen lassen.

Mangold waschen und grob hacken. Fischfilet in feine Würfel schneiden. Mit dem Zitronensaft mischen. Schalotten schälen und halbieren, in feine Streifen schneiden. Petersilie waschen, die Blättchen fein hacken.

Für die Nudeln reichlich Wasser mit Salz zum Kochen bringen.

Butter in einem Topf schmelzen. Anis- oder Fenchelsamen und Mangold mit Schalottenstreifen darin unter Rühren 2 Min. dünsten. Mit Wein oder Fond aufgießen, salzen, pfeffern und zugedeckt bei schwacher Hitze 5 Min. dünsten.

Bandnudeln im Wasser in 2 Min. bißfest kochen. Dann abgießen.

Inzwischen Lachs mit Petersilie und Crème fraîche unter den Mangold mischen und 1 Min. zugedeckt ziehen lassen.

Nudeln abgießen und in vorgewärmte Teller geben. Lachssauce salzen, pfeffern und darauf verteilen. Mit Dillblüten garniert servieren.

Gefüllte Hühnerbrüstchen in Wirsing

raffiniert • für Gäste

Für 4 Personen

1 mittelgroßer Kopf Wirsing · Salz
2–3 Frühlingszwiebeln
2 Knoblauchzehen
1 Bund Petersilie
einige Zweige Thymian oder Bohnenkraut
125 g Ricotta
abgeriebene Schale von 1/2 unbehandelten Zitrone
schwarzer Pfeffer
1 TL Kümmel
4 Hühnerbrustfilets (je 130–150 g)
1 große Zwiebel
2 EL Olivenöl
1 EL Crème fraîche

Zubereitungszeit: 50 Min.

Pro Person etwa: 45 g E/ 17 g F/ 14 g KH
370 kcal

Wirsing waschen. Die äußeren 12 Blätter ablösen und in wenig Salzwasser zugedeckt 2–3 Min. kochen, bis sie biegsam werden. Abtropfen lassen, vom Kochwasser 1/4 l abmessen.
Frühlingszwiebeln waschen, putzen und fein schneiden. Knoblauch schälen und durchpressen. Kräuter waschen und trocknen. Petersilie fein schneiden. Thymianblättchen abstreifen. Ricotta mit Zitronenschale, Frühlingszwiebeln, Knoblauch und Kräutern mischen und mit Salz, Pfeffer und Kümmel abschmecken.
In jedes Fleischstück seitlich eine Tasche einschneiden oder die beiden Teile der Brust auseinanderziehen. Ricottafüllung hineingeben. Hühnerbrüstchen außen salzen und pfeffern. Jeweils 3 Wirsingblätter leicht überlappend auf der Arbeitsfläche auslegen, je 1 Hühnerbrüstchen darin einwickeln. Die Päckchen mit Küchengarn oder Zahnstochern verschließen.
Vom restlichen Wirsing 6–8 Blätter ablösen und hacken. Zwiebel schälen, würfeln.
Öl in einer Schmorpfanne erhitzen. Hühnerbrustpäckchen darin anbraten, herausnehmen. Zwiebel und Wirsing andünsten. Mit gut 1/8 l Wirsingkochwasser ablöschen und mit Salz und Pfeffer würzen. Päckchen darauf legen und zugedeckt bei mittlerer Hitze 20–25 Min. schmoren. Dabei bei Bedarf nach und nach die restliche Kochflüssigkeit angießen. Päckchen herausnehmen, die Sauce mit Crème fraîche mischen.
Dazu paßt Reis und eventuell Möhrengemüse.

Kaninchenragout mit dicken Bohnen und Orangen

raffiniert • für Gäste

Für 4 Personen

1 Kaninchen (vom Händler in Stücke teilen lassen)
3/8 l trockener Weißwein
(ersatzweise Gemüsebrühe)
1/2 Stange Zimt
2 Gewürznelken
2 Lorbeerblätter
400 g Schalotten
2 Knoblauchzehen
2 Orangen
3 EL Olivenöl
Salz · Pfeffer
einige Zweige frischer Estragon
600 g dicke Bohnen (frisch enthülst oder tiefgekühlt)

Zubereitungszeit: 50 Min.
(+ Marinierzeit über Nacht)

Pro Person etwa: 46 g E/ 19 g F/ 35 g KH
560 kcal

Kaninchenstücke waschen und abreiben, um eventuelle Knochensplitter zu entfernen. Mit dem Wein, Zimt, Nelken und Lorbeerblättern mischen und zugedeckt über Nacht im Kühlschrank marinieren.

Am nächsten Tag abtropfen lassen und trockentupfen. Marinade aufheben. Schalotten schälen, größere halbieren. Knoblauch schälen und sehr fein hacken. Orangen so schälen, daß auch die weiße Haut entfernt wird. Die Filets aus den Trennwänden lösen, Saft auffangen.

Olivenöl in einem Bräter erhitzen. Kaninchenstücke salzen, pfeffern und darin rundherum kräftig anbraten. Schalotten und Knoblauch kurz mitdünsten. Marinade und aufgefangenen Orangensaft angießen und das Fleisch zugedeckt bei mittlerer Hitze 20 Min. schmoren.

Estragon waschen, die Blättchen abzupfen und fein hacken. Mit den frischen oder tiefgekühlten dicken Bohnen zum Ragout geben und alles noch etwa 15 Min. garen, bis die dicken Bohnen gar sind. Orangenstücke untermischen, alles mit Salz und Pfeffer nochmals abschmecken und heiß servieren.

Dazu passen Kartoffeln, aber auch einfach Brot.

Ossobuco mit viel Gemüse und Gremolata

gelingt leicht • für Gäste

Für 4 Personen

4 Möhren
1 Petersilienwurzel (ersatzweise 1 Stück Knollensellerie)
6–8 Stangen Staudensellerie (je nach Größe)
400 g Tomaten
3 Zwiebeln
3 Knoblauchzehen
4 Scheiben Kalbshaxe (etwa 3 cm dick)
Salz · schwarzer Pfeffer
2 EL Olivenöl
1/8 l Gemüsebrühe
1/8 l trockener Rotwein (ersatzweise Gemüsebrühe)
Für die Gremolata:
1 großes Bund Petersilie
2 unbehandelte Zitronen
3 Knoblauchzehen

Zubereitungszeit: 50 Min. (+ 1 1/2 Std. Schmorzeit)

Pro Person etwa: 29 g E/ 7 g F/ 23 g KH
275 kcal

Möhren und Petersilienwurzel schälen und fein würfeln. Sellerie waschen, putzen und ebenfalls würfeln. Tomaten waschen und fein hacken. Zwiebeln und Knoblauch schälen, Zwiebeln hacken, Knoblauch zerdrücken.

Kalbshaxenscheiben gut trockentupfen und mit Salz und Pfeffer würzen.

Öl in einem Schmortopf erhitzen. Die Kalbsscheiben darin von beiden Seiten gut anbraten. Herausnehmen. Möhren, Petersilienwurzel, Sellerie, Zwiebeln und Knoblauch im verbliebenen Bratfett andünsten. Tomaten untermischen. Die Hälfte von Brühe und Wein angießen, Mischung salzen und pfeffern.

Fleischscheiben wieder dazugeben und mit etwas Gemüsemischung bedecken. Zugedeckt bei schwacher Hitze 1 1/2 Std. schmoren. Bei Bedarf die restliche Flüssigkeit dazugeben.

Kurz vor Ende der Garzeit für die Gremolata die Petersilie waschen, trockenschwenken und fein hacken. Zitronen heiß waschen, Schale dünn abschneiden. Knoblauch schälen und mit der Zitronenschale fein hacken. Mit der Petersilie in einem Schälchen mischen.

Kalbshaxen mit Gemüsesauce auf Tellern anrichten. Bei Tisch streut sich jeder nach Belieben Gremolata darüber.

Dazu außerdem Vollkornbaguette oder Polenta servieren.

Huhn mit Zitrone und Knoblauch

raffiniert • gut vorzubereiten

Für 4 Personen

4 große Hähnchenkeulen

2 unbehandelte Zitronen

2 Frühlingszwiebeln

1 großes Bund Petersilie

1 EL Pistazienkerne

8 Knoblauchzehen

3 EL Olivenöl

Salz · schwarzer Pfeffer

4 rote Zwiebeln

4 Möhren

1/8 l trockener Weißwein

(ersatzweise Hühnerbrühe)

Basilikumblättchen zum Bestreuen

Zubereitungszeit: 30 Min.
(+ 30–40 Min. Garzeit)

Pro Person etwa: 21 g E/ 18 g F/ 29 g KH

353 kcal

Hähnchenkeulen waschen und trockentupfen. Mit einem Löffelstiel an einer Stelle unter die Haut fahren und die Haut vorsichtig vom Fleisch lösen, ohne sie zu zerreißen.

Zitronen heiß waschen und die Schale fein abreiben. 1 1/2 Zitronen auspressen. Frühlingszwiebeln waschen, putzen, Petersilie waschen, die Blättchen abzupfen. Beides zusammen mit den Pistazienkernen sehr fein hacken. 4 Knoblauchzehen schälen und durchpressen.

Zitronenschale, die Frühlingszwiebelmischung und den Knoblauch mit 1 EL Öl mischen und mit Salz und Pfeffer würzen. Die Füllung mit dem Stiel unter die Haut des Hähnchens schieben und mit den Fingern durch Massieren verteilen.

Backofen auf 220° vorheizen. Hähnchenkeulen außen mit Salz und Pfeffer würzen. Zwiebeln schälen und achteln. Restliche Knoblauchzehen schälen und halbieren. Möhren schälen und in 3–4 cm lange Stücke schneiden.

Keulen mit Zwiebeln, Knoblauch und Möhren in eine feuerfeste Form legen. Restliches Öl mit dem Zitronensaft mischen und darüber träufeln.

Geflügel im heißen Ofen (Umluft 200°) 30–40 Min. garen, dabei ein- bis zweimal wenden und nach der Hälfte der Garzeit den Wein angießen. Keulen mit einem Spieß einstechen, wenn klarer Saft austritt, sind sie fertig. Eventuell zum Schluß kurz den Grill zuschalten.

Mit Basilikum bestreuen und mit frischem Vollkornbaguette und einem Salat servieren.

Rinderfilet mit Artischocken und Pilzen

festlich • für Gäste

Für 4 Personen

600 g Rinderfilet am Stück
1–2 EL Portwein (nach Belieben)
4 kleine Artischocken
250 g Champignons oder Austernpilze
1 Bund Petersilie
1/2 Bund Basilikum
2–4 Knoblauchzehen
3–4 EL Olivenöl
Salz · schwarzer Pfeffer
2 EL Zitronensaft

Zubereitungszeit: 35 Min.

Pro Person etwa: 41 g E/ 14 g F/ 11 g KH
345 kcal

Rinderfilet mit einem scharfen Messer in möglichst dünne Scheiben schneiden. Mit Portwein mischen.

Artischocken von so vielen äußeren Blättern befreien, bis sich ein Blatt am runden Ende gut beißen läßt. Spitzen gut abschneiden, die Artischocken der Länge nach achteln. Pilze putzen und in feine Scheiben schneiden. Die Kräuter waschen, einige Blättchen beiseite legen, die restlichen hacken. Knoblauchzehen schälen und fein hacken.

Die Hälfte vom Öl in einer Pfanne oder noch besser im Wok erhitzen. Artischocken darin unter Rühren bei starker Hitze 5 Min. braten. Pilze mit gehackten Kräutern und Knoblauch dazugeben und alles weitere 3 Min. braten.

Artischocken und Pilze mit Salz und Pfeffer würzen, zur Seite schieben.

Restliches Öl hineingeben und das Fleisch darin unter Rühren 2–3 Min. braten. Mit dem Gemüse mischen, nochmals mit Salz und Pfeffer abschmecken und mit dem Zitronensaft beträufeln. Mit den übrigen Kräuterblättchen bestreut servieren.

Dazu schmecken neue gebratene Kartoffeln oder auch Vollkornbaguette und Salat.

Kalbsschnitzelchen mit Spinat-Zitronen-Gemüse

für Gäste • schnell

Für 4 Personen

800 g Blattspinat
1 unbehandelte Zitrone
1 Bund Frühlingszwiebeln
2 Knoblauchzehen
8 kleine dünne Kalbsschnitzel (je etwa 80 g)
Salz · schwarzer Pfeffer
Mehl zum Wenden
2 EL Olivenöl
100 ml trockener Weißwein oder Kalbsfond

Zubereitungszeit: 35 Min.

Pro Person etwa: 31 g E/ 8 g F/ 6 g KH
220 kcal

Spinat von den dicken Stielen und allen welken Blättern befreien und in stehendem kalten Wasser gründlich waschen. Gut abtropfen lassen. Zitrone heiß waschen und abtrocknen. Ein Stück Schale abschneiden und in feine Streifen teilen. Eine Zitronenhälfte schälen und würfeln, die andere auspressen.

Frühlingszwiebeln putzen, waschen und in 3 cm lange Stücke schneiden, dicke Endstücke quer halbieren. Knoblauch schälen und fein hacken.

Schnitzel mit dem Handballen etwas flacher drücken. Mit Salz und Pfeffer würzen und in Mehl wenden. Überschüssiges Mehl abklopfen.

In einem Topf 1 EL Öl erhitzen. Frühlingszwiebeln darin unter Rühren 3 Min. dünsten. Spinat mit Knoblauch dazugeben, mit Salz und Pfeffer würzen und zugedeckt bei schwacher Hitze 2–3 Min. dünsten, bis er zusammengefallen ist.

Restliches Öl in einer Pfanne erhitzen. Schnitzel darin pro Seite 1 Min. braten, dann zugedeckt im Backofen bei 50° warm halten. Wein oder Kalbsfond und Zitronensaft in die Pfanne geben, Bratfond loskochen. Salzen, pfeffern.

Zitronenstücke unter den Spinat mischen. Gemüse mit den Schnitzeln auf Tellern anrichten, mit Zitronenschalenstreifen garnieren.

Dazu paßt Vollkornbaguette, aber auch gebratene Kartoffeln.

Lamm-Lauch-Bolognese mit Makkaroni

gut vorzubereiten • gelingt leicht

Für 4 Personen

2 Stangen Lauch · 1 rote Zwiebel
2–4 Knoblauchzehen · 2 Möhren
1 rote Paprikaschote · 4–5 Zweige frischer Rosmarin
250 g Lammkeule · 400 g Tomaten · 2 EL Olivenöl
100 ml trockener Rotwein (ersatzweise Gemüsebrühe)
100 ml Gemüsebrühe · Salz · Pfeffer
Cayennepfeffer · 400 g Makkaroni

Zubereitungszeit: 50 Min.

Pro Person etwa: 29 g E/ 16 g F/ 93 g KH
650 kcal

Lauch waschen, putzen und fein schneiden. Zwiebel und Knoblauch schälen und hacken. Möhren schälen und würfeln. Paprikaschote waschen, putzen und würfeln. Rosmarinnadeln fein schneiden. Lammfleisch klein würfeln. Tomaten waschen und pürieren.

Lammfleisch im Öl anbraten. Zwiebel, Knoblauch und Lauch kurz mitbraten. Gemüse untermischen, mit Wein und Brühe aufgießen und mit Salz, Pfeffer und Cayennepfeffer abschmecken. Zugedeckt bei mittlerer Hitze in 15–30 Min. weich schmoren.

Nudeln in Salzwasser bißfest garen, abgießen und mit Ragout servieren.

Lamm-Gemüse-Ragout

preiswert • gelingt leicht

Für 4 Personen

2 Zwiebeln · 4 Knoblauchzehen
800 g Lammschulter ohne Knochen · 2 EL Rapsöl
3/8 l Gemüsebrühe · 2 Möhren · 2 Stangen Lauch
250 g grüne Bohnen · 1 Petersilienwurzel
1/4 Kopf Wirsing · 2 TL scharfer Senf · Salz
schwarzer Pfeffer · 1–2 EL frisch gehackte Petersilie

Zubereitungszeit: 20 Min.
(+ 1 Std. Garzeit)

Pro Person etwa: 42 g E/ 14 g F/ 15 g KH
365 kcal

Zwiebeln und Knoblauchzehen schälen und hacken, Lammfleisch in Würfel schneiden.

Öl in einem großen Topf erhitzen. Fleisch darin anbraten. Zwiebeln und Knoblauch kurz mitdünsten, mit Brühe aufgießen und zugedeckt bei schwacher Hitze 30 Min. schmoren.

Gemüse schälen oder waschen, putzen und würfeln. Unter das Ragout mischen und alles noch etwa 30 Min. garen.

Mit Senf, Salz und Pfeffer abschmecken. Petersilie darüber streuen. Mit Vollkornbrot oder Kartoffeln servieren.

Zwiebeln mit Lamm-Möhren-Füllung

für Gäste • würzig

Für 4 Personen

8 mittelgroße rote Zwiebeln
250 g Lammkeule
250 g Möhren
30 g Rosinen
1 EL Mandelsplitter
1 Ei
75 g frisch geriebener Parmesan
2–3 EL Vollkornsemmelbrösel
Salz · Cayennepfeffer
1 Prise Zimt
200 ml Gemüsebrühe
100 g flüssiger Joghurt
1 Bund Petersilie

Zubereitungszeit: 45 Min.
(+ 45 Min. Backzeit)

Pro Person etwa: 28 g E/ 21 g F/ 40 g KH
450 kcal

Zwiebeln waschen und mit der Schale in kochendem Wasser 10 Min. vorgaren. Dann kalt abschrecken, die Haut abziehen und jeweils einen Deckel abschneiden. Zwiebeln bis auf 2 Schichten aushöhlen, das Ausgehöhlte fein hacken.

Lammfleisch in winzige Würfel schneiden oder durch den Fleischwolf drehen. Möhren schälen, putzen und fein raspeln. Mit Lammfleisch, Rosinen und Mandelsplittern mischen. Ei, Käse und Brösel untermengen und die Masse mit Salz, Cayennepfeffer und Zimt abschmecken.

Backofen auf 180° vorheizen. Die Zwiebeln mit der Lamm-Masse füllen und nebeneinander in eine flache feuerfeste Form setzen. Gehackte Zwiebeln mit Gemüsebrühe mischen, salzen und neben den gefüllten Zwiebeln verteilen.

Zwiebeln im heißen Ofen (Umluft 160°) 30–45 Min. backen, bis sie bißfest sind. Herausnehmen und im Ofen warm halten.

Sauce in einen Topf gießen und pürieren. Den Joghurt untermischen und alles mit Salz und Cayennepfeffer abschmecken.

Petersilie waschen, die Blättchen fein hacken und unter die Sauce mengen. Gefüllte Zwiebeln auf vier Teller verteilen und mit der Sauce umgießen.

Dazu schmecken Kartoffeln oder Brot.

Rinderrouladen mit Gemüsefüllung

raffiniert • gut vorzubereiten

Für 4 Personen

1 Stück Knollensellerie
4 schlanke Möhren
1 Petersilienwurzel
1 dünne Stange Lauch
1 Zwiebel
4 große Rinderrouladen (je etwa 160 g)
2 TL scharfer Senf
Salz · schwarzer Pfeffer
2 EL Sonnenblumenöl
3/8 l Flüssigkeit (am besten Rotwein und leichte Fleischbrühe gemischt)
1 Bund Petersilie
2 EL Crème fraîche
Küchengarn zum Binden

Zubereitungszeit: 35 Min. (+ 1 1/2 Std. Schmorzeit)

Pro Person etwa: 29 g E/ 11 g F/ 12 g KH
320 kcal

Sellerie, Möhren und Petersilienwurzel schälen, putzen und in Stücke von etwa 1/2 cm Dicke und 8 cm Länge schneiden. Reste klein würfeln. Lauch putzen, gründlich waschen und die hellen Teile in 8 cm lange Streifen teilen. Die hellen und mittelgrünen Teile fein schneiden. Zwiebel schälen und fein hacken.

Rinderrouladen mit dem Handballen etwas flacher drücken, dann mit dem Senf bestreichen und mit Salz und Pfeffer würzen.

Gemüsestifte und -streifen auf den Fleischscheiben verteilen. Die Fleischscheiben mit dem Gemüse zu Rouladen rollen und mit Küchengarn verschließen. Salzen und pfeffern.

Öl in einem Schmortopf erhitzen. Rouladen darin rundherum anbraten, wieder herausnehmen. Gemüse und Zwiebel im verbliebenen Fett unter Rühren bei mittlerer Hitze andünsten. Mit der Flüssigkeit aufgießen und den Bratsatz damit unter Rühren lösen.

Rouladen wieder einlegen und zugedeckt bei schwacher Hitze 1 1/2 Std. schmoren. Dabei eventuell noch etwas Flüssigkeit angießen.

Petersilie waschen und die Blättchen fein hacken. Sauce mit Crème fraîche verfeinern, mit Salz und Pfeffer abschmecken.

Rouladen mit Sauce auf heißen Tellern anrichten, mit Petersilie bestreut servieren.

Dazu schmecken Bandnudeln oder Kartoffeln.

DESSERTS*

*

SICH das Leben ein wenig zu versüßen, ist eigentlich gar nicht so schwer: versuchen Sie es doch einfach einmal mit einer gesunden Süßigkeit, etwa aus Joghurt, Quark, Beeren oder Zitrusfrüchten. Kombiniert mit Nüssen, Mandeln, Rosinen oder Kokosflocken.

UND Ihr Immunsystem freut sich: Zitrusfrüchte liefern reichlich Vitamin C und Flavonoide. Beeren enthalten Flavonoide und Joghurt Milchsäurebakterien. Alle zusammen ergeben einen Cocktail, der ein wunderbares Geschmackserlebnis verspricht und die Abwehr stärkt!

Holunder-Zwetschgen-Grütze mit Joghurtsauce

gut vorzubereiten • vitaminreich

Für 6 Personen

500 g Zwetschgen
250 g Holunderbeeren
60 g Honig
1/8 l ungesüßter Holundersaft
1/8 l trockener Rotwein (ersatzweise ungesüßter Holundersaft)
1 Prise Zimt
1 gehäufter TL Agar-Agar (aus dem Reformhaus)
1 unbehandelte Orange
150 g cremiger Joghurt
1–2 EL Ahornsirup

Zubereitungszeit: 45 Min. (+ 1–2 Std. Kühlzeit)

Pro Person etwa: 3 g E/ 2 g F/ 27 g KH
180 kcal

Zwetschgen waschen, entsteinen und sehr klein würfeln. Holunderbeeren waschen und von den Rispen streifen.

Früchte mit Honig, Holundersaft, Rotwein und Zimt in einem Topf zum Kochen bringen und 1 Min. köcheln lassen.

Agar-Agar untermischen, alles nochmals 2 Min. kochen lassen, dann in eine Schüssel oder in Portionsschälchen füllen und abkühlen lassen. Zum Festwerden 1–2 Std. abgedeckt in den Kühlschrank stellen.

Dann die Orange waschen und abtrocknen. Die Schale fein abreiben, die Orange sehr gründlich schälen und das Fruchtfleisch in kleine Würfel schneiden. Beides mit dem Joghurt mischen, den Ahornsirup in Streifen unterziehen.

Grütze auf Teller verteilen und jeweils mit etwas Sauce umgießen oder in den Schälchen mit der Joghurtsauce garnieren.

Tip! Holunderbeeren haben viele kleine Kernchen. Wer das nicht mag, läßt die Beeren weg und nimmt entsprechend mehr Zwetschgen. Sammeln Sie die Holunderbeeren möglichst nicht an stark befahrenen Straßen. Und: nicht roh essen, denn ungegart sind die Beeren nicht verträglich!

Aprikosencreme mit Schokolade

gelingt leicht • preiswert

Für 4–6 Personen

100 g getrocknete ungeschwefelte Aprikosen
1 unbehandelte Zitrone
50 ml Vin santo (ersatzweise ungesüßter heller Fruchtsaft)
400 g frische Aprikosen · 200 g fester Joghurt
etwa 50 g Honig · 50 g Zartbitter-Schokolade

Zubereitungszeit: 25 Min.
(+ 1–2 Std. Quellzeit)

Bei 6 Portionen pro Person etwa:
4 g E/ 6 g F/ 26 g KH
165 kcal

Getrocknete Aprikosen klein würfeln. Die Zitrone heiß waschen, abtrocknen, die Schale fein abreiben, Saft auspressen. Beides mit Vin santo und Aprikosenwürfeln mischen und zugedeckt 1–2 Std. quellen lassen.

Frische Aprikosen waschen und entsteinen. In grobe Stücke schneiden und mit Joghurt, Honig und Trockenaprikosen fein pürieren.

Schokolade winzig würfeln oder raspeln und bis auf 1 EL unterheben. In Schälchen verteilen, mit der restlichen Schokolade bestreuen.

Gebratene Bananen mit Orangen-Kokos-Sauce

raffiniert • schnell

Für 4 Personen

4 feste Bananen · 2–3 EL Zitronensaft
2 große unbehandelte Orangen
2 EL Butter · 2 EL brauner Zucker
50 g Kokosflocken
50 ml trockener Weißwein (ersatzweise naturtrüber Traubensaft)

Zubereitungszeit: 20 Min.

Pro Person etwa: 2 g E/ 13 g F/ 26 g KH
235 kcal

Bananen schälen, längs halbieren und mit Zitronensaft beträufeln. Orangen waschen, Schale abreiben. 1 Orange schälen und würfeln, die andere auspressen.

Bananen in einer beschichteten Pfanne in der Butter bei mittlerer Hitze in 3–4 Min. braun braten. Auf hitzefesten Tellern im Ofen bei 50° warm halten.

Zucker im Bratfett schmelzen lassen. Kokosflocken darin anrösten. Orangensaft und Wein hinzufügen, etwas einkochen lassen. Die Sauce mit Orangenstücken auf den Bananen verteilen.

Johannisbeergelee mit Zimtsahne

gut vorzubereiten • preiswert

FÜR 4 PERSONEN

500 g rote Johannisbeeren
1 Vanilleschote
60 g Zuckerrohrgranulat
1 TL Agar-Agar (aus dem Reformhaus)
100 g schwarze Johannisbeeren
100 g Stachelbeeren
150 g Sahne
2 TL Vanillezucker
1 TL Zimt
Zitronenmelisse zum Garnieren

ZUBEREITUNGSZEIT: 40 MIN.
(+ 1–2 STD. KÜHLZEIT)

Pro Person etwa: 3 g E/ 12 g F/ 29 g KH
250 kcal

ROTE Johannisbeeren waschen und die Beeren von den Rispen streifen. Mit 100 ml Wasser in einen Topf geben. Vanilleschote der Länge nach aufschlitzen und das Mark herauskratzen. Die Schote mit dem Zuckerrohrgranulat zu den Beeren geben und zum Kochen bringen.

BEEREN 10 Min. köcheln lassen, dann in ein mit einem Tuch ausgelegtes Sieb gießen. Flüssigkeit abtropfen lassen, Früchte dann in dem Tuch durch Zusammendrehen gut ausdrücken.

SAFT wieder in den Topf geben, Vanillemark und Agar-Agar untermischen und zum Kochen bringen. Alles 2 Min. kochen lassen.

SCHWARZE Johannisbeeren waschen und von den Rispen streifen. Unter den roten Saft mengen. Masse in vier Förmchen von je etwa 150 ml Inhalt füllen und zum Festwerden 1–2 Std. in den Kühlschrank stellen.

DANN die Stachelbeeren waschen und halbieren. Sahne mit dem Vanillezucker und dem Zimt halbsteif schlagen.

JOHANNISBEERGELEE mit einem Messer vom Rand der Förmchen lösen und auf Teller stürzen. Mit den Stachelbeeren umkränzen und mit Sahne begießen. Mit Zitronenmelisse garniert servieren.

DAZU schmecken außerdem Mandelplätzchen.

TIP! Wer möchte, füllt die Masse in eine kleine, längliche Form und schneidet sie nach dem Festwerden in Scheiben.

Kiwi-Brombeer-Salat mit Aprikosenquark

raffiniert • gelingt leicht

Für 4 Personen

4 Kiwis · 250 g Brombeeren · 200 g vollreife Aprikosen
150 g Magerquark · 150 g cremige saure Sahne
2–3 EL Birnendicksaft oder flüssiger Honig
1 EL Zitronensaft · 1 Prise gemahlene Nelken
1 EL Mandelblättchen
Minze zum Garnieren · Zimt zum Bestäuben

Zubereitungszeit: 15 Min.

Pro Person etwa: 9 g E/ 6 g F/ 23 g KH
195 kcal

Kiwis schälen und in Scheiben schneiden. Auf vier Tellern anrichten. Brombeeren waschen, abtropfen lassen und darauf verteilen.

Aprikosen waschen, entsteinen und sehr klein würfeln. Quark mit saurer Sahne und Dicksaft oder Honig, Zitronensaft und Nelken verrühren. Aprikosen untermischen. Mandelblättchen in einer trockenen Pfanne goldgelb rösten.

Aprikosenquark auf dem Obst verteilen, mit Mandelblättchen und Minze garnieren, mit etwas Zimt bestreuen und servieren.

Beerenquark mit Knuspernüssen

schnell • gelingt leicht

Für 4 Personen

500 g Erdbeeren, Himbeeren und Stachelbeeren gemischt
250 g Sahnequark · 100 g Sahne · 100 g Joghurt
1/2 rosa Grapefruit · 2–3 EL Ahornsirup
100 g gemischte Nüsse (z. B. Cashewkerne, Mandelstifte und Pinienkerne)
1 EL Butter · 1 EL brauner Zucker

Zubereitungszeit: 20 Min.

Pro Person etwa: 15 g E/ 32 g F/ 30 g KH
460 kcal

Beeren verlesen oder ganz kurz waschen, je nach Sorte kleiner schneiden oder ganz lassen.

Quark mit der Sahne und dem Joghurt verrühren. Grapefruit schälen und sehr fein würfeln, dann mit dem Ahornsirup unter den Quark mischen. Beeren locker unterheben, Mischung in Schälchen verteilen.

Nüsse grob hacken. Butter zerlassen, Zucker darin braun werden lassen. Nüsse darin unter Rühren bei mittlerer Hitze 2–3 Min. braten. Auf die Quarkmischung streuen und servieren.

Pfirsichtarte mit Zitronensauce

Für 6–8 Personen

Für die Tarte:

100 g Dinkelmehl

100 g feingeriebene Haselnüsse oder Mandeln

75 g Butter

2 EL Joghurt · 3 EL Honig

Mehl zum Ausrollen

4 reife Pfirsiche oder Nektarinen

1 Vanilleschote

2 EL Zitronensaft

Für die Zitronensauce:

2 unbehandelte Zitronen

100 g Sahne

100 g flüssiger Joghurt

1 EL Ahornsirup

Zubereitungszeit: 50 Min.
(+ 1 Std. Kühlzeit)

Bei 8 Portionen pro Person etwa:

5 g E/ 20 g F/ 26 g KH

290 kcal

für Gäste • gut vorzubereiten

Für den Teig Mehl mit Nüssen oder Mandeln, Butter, Joghurt und 1 EL Honig zu einem glatten Teig verkneten. Auf wenig Mehl oder zwischen Klarsichtfolie rund ausrollen, auf dem Boden einer Tarteform von etwa 30 cm Ø auslegen. Einen kleinen Rand hochziehen. Den Teig in der Form 1 Std. kühl stellen.

Dann den Backofen auf 200° vorheizen. Die Pfirsiche oder Nektarinen waschen, halbieren, entsteinen und in schmale Spalten schneiden. Hübsch auf dem Teigboden anrichten. Vanilleschote längs aufschlitzen, das Mark herauskratzen. Mit Zitronensaft und restlichem Honig verrühren und über die Früchte verteilen.

Tarte im heißen Ofen (Umluft 180°) in etwa 20 Min. goldbraun backen.

Inzwischen für die Sauce die Zitronen heiß waschen und die Schale fein abreiben. 1 Zitrone auspressen. Sahne steif schlagen. Joghurt mit Zitronenschale und -saft sowie dem Ahornsirup verrühren, Sahne unterheben.

Tarte lauwarm abkühlen lassen, dann mit der Sauce anrichten und servieren.

Joghurtmousse mit Rotweinkirschen

gut vorzubereiten • gelingt leicht

Für 4 Personen

600 g süße Kirschen
75 ml trockener Rotwein
1 Zimtstange
1 EL brauner Zucker
1 Prise gemahlene Gewürznelken
2 Vanilleschoten
500 g Sahne-Joghurt
3 EL fester Honig
6 Meßlöffel Biobin (aus dem Reformhaus)
3 TL Zitronensaft
100 g Sahne

Zubereitungszeit: 35 Min. (+ 1 Std. Kühlzeit)

Pro Person etwa: 6 g E/ 13 g F/ 43 g KH
330 kcal

Kirschen waschen, entstielen und entsteinen. Dann mit dem Rotwein, der Zimtstange, dem braunen Zucker und den Gewürznelken zum Kochen bringen. 5 Min. zugedeckt köcheln lassen, in eine Schüssel füllen und bis zum Servieren zugedeckt stehenlassen.

Für die Joghurtmousse die Vanilleschoten der Länge nach aufschlitzen. Das Mark mit einem Messer herauskratzen. Den Joghurt mit der Vanille, dem Honig und dem Biobin verrühren. Mit dem Zitronensaft aromatisieren. Die Sahne steif schlagen und mit einem Schneebesen behutsam unterheben.

Vier hübsche Förmchen mit kaltem Wasser ausspülen und nicht abtrocknen. Die Joghurtmasse in die Förmchen füllen und 1 Std. in den Kühlschrank stellen. Dann mit einem Messer vom Rand der Förmchen lösen und auf Teller stürzen. Die Rotweinkirschen rundherum verteilen.

Gratinierte Früchte mit Kokoseis

für Gäste • gelingt leicht

FÜR 4 PERSONEN

1 kleine Dose Kokosmilch (200 g)
100 g Joghurt
1 unbehandelte Zitrone
2 EL Ahornsirup
1 TL echte Vanille (Reformhaus oder Naturkostladen)
2–3 EL Kokosflocken
100 g Sahne
500 g Früchte der Saison (z. B. Aprikosen, Pfirsiche und Melone)
100 g Nüsse und Kerne (z. B. Sonnenblumenkerne und Mandeln)
2 EL brauner Zucker
1 EL Butter

ZUBEREITUNGSZEIT: 40 MIN.
(+ 3–4 STD. GEFRIERZEIT)

Pro Person etwa: 9 g E/ 28 g F/ 31 g KH
400 kcal

FÜR das Eis die Kokosmilch mit dem Joghurt verrühren. Zitrone heiß waschen und abtrocknen. Die Schale abreiben, mit dem Ahornsirup, der Vanille und den Kokosflocken untermischen. Sahne steif schlagen und unterheben.

KOKOSMASSE in eine Metallschüssel füllen und in 3–4 Std. im Gefrierfach fest werden lassen. Dabei möglichst häufig durchrühren, damit sich keine zu großen Eiskristalle bilden.

DANN den Backofen auf 220° vorheizen.

FRÜCHTE waschen und in Würfel oder Spalten schneiden. Die Zitrone auspressen. Früchte in eine feuerfeste Form geben und mit dem Zitronensaft beträufeln. Nüsse grob hacken und mit dem Zucker mischen. Über die Früchte streuen. Die Butter in Flöckchen darauf verteilen.

FRÜCHTE im heißen Ofen (Umluft 200°) 20 Min. backen, bis die Oberfläche schön gebräunt ist.

WÄHRENDDESSEN das Eis aus dem Gefrierfach nehmen, damit es geschmeidig wird. Die Früchte auf Tellern anrichten. Eis in Kugeln darauf oder daneben verteilen und rasch servieren.

Heidelbeer-Apfel-Pfannkuchen

schmeckt Kindern • gelingt leicht

FÜR 4 PERSONEN

200 g Dinkelvollkornmehl
400 ml Milch · 2 EL Honig
2 große säuerliche Äpfel
1 EL Zitronensaft
250 g Heidelbeeren
2 Eier · 1 EL Butter
1 TL Zimt · 1 TL Puderzucker

ZUBEREITUNGSZEIT: 45 MIN.

Pro Person etwa: 12 g E/ 9 g F/ 56 g KH
435 kcal

DINKELMEHL mit Milch und Honig verrühren und 30 Min. quellen lassen.
ÄPFEL gründlich waschen, vierteln, entkernen und in schmale Spalten schneiden. Mit dem Zitronensaft mischen. Heidelbeeren waschen und abtropfen lassen.
EIER trennen. Eigelbe unter den Teig rühren. Eiweiße steif schlagen und unterheben.
ETWAS Butter erhitzen. Eine Schöpfkelle Teig hineingeben und 1 Min. bei mittlerer Hitze anbraten. Mit einem Teil vom Obst bestreuen und zugedeckt 2–3 Min. braten. Dann wenden und noch kurz backen. Nacheinander die restlichen Pfannkuchen braten. Zimt mit Puderzucker mischen und den Pfannkuchen damit bestreuen.

Fruchtkugeln

gelingt leicht • Pausensnack

FÜR 50 KUGELN

100 g getrocknete ungeschwefelte Aprikosen
100 g getrocknete Feigen
50 g Rosinen · 75 g Sonnenblumenkerne
75 g Mandeln · 50 g ungesalzene Pistazienkerne
100 g Kokosflocken

ZUBEREITUNGSZEIT: 30 MIN.

Pro Kugel etwa: 1 g E/ 3 g F/ 4 g KH
50 kcal

TROCKENFRÜCHTE und Rosinen mit 200 ml lauwarmem Wasser mischen und über Nacht zugedeckt quellen lassen.
AM nächsten Tag mit Einweichwasser, Nüssen und Kernen im Mixer zu einer festen, aber feuchten Masse fein zerkleinern. Eventuell noch Wasser oder geriebene Nüsse untermengen.
KLEINE Kugeln daraus formen und in den Kokosflocken wälzen. Kühl aufbewahren.

Zitronentarteletts mit Beerenragout

gut vorzubereiten • raffiniert

Für 4 Personen

100 g Dinkelvollkornmehl
2 EL Zucker
50 g Butter
1 Prise Salz
2 unbehandelte Zitronen
2 kleine Eier
150 g saure Sahne
2 EL Puderzucker
50 g Sahne
Für das Ragout:
400 g gemischte Beeren (z. B. Monatserdbeeren, Himbeeren, schwarze Johannisbeeren und Heidelbeeren)
2 TL Zitronensaft
1 EL Ahornsirup
Pergamentpapier und Hülsenfrüchte zum Blindbacken
Puderzucker zum Bestäuben

Zubereitungszeit: 35 Min. (+ 1 Std. Kühlzeit + 40 Min. Backzeit)

Pro Person etwa: 8 g E/ 18 g F/ 39 g KH
360 kcal

Für die Tarteletts Mehl mit Zucker und Butter in kleinen Stücken, 1 EL kaltem Wasser und Salz zu einem glatten Teig verkneten. Vier Tartelettförmchen von 10–12 cm Ø damit auskleiden. In den Förmchen 1 Std. kühl stellen.

Für den Belag die Zitronen heiß waschen und abtrocknen. Ein Stück Schale abschneiden, den Rest abreiben. 1 Zitrone auspressen.

Backofen auf 200° vorheizen. Den Teig mit Pergamentpapier und Hülsenfrüchten belegen und im heißen Ofen (Umluft 180°) 15 Min. vorbacken.

Inzwischen die Eier trennen. Eigelbe mit saurer Sahne, Puderzucker, Zitronensaft und abgeriebener Zitronenschale mischen. Eiweiße und Sahne getrennt steif schlagen und unterheben.

Papier und Hülsenfrüchte aus den Förmchen nehmen. Zitronenmasse in die Tartelettförmchen verteilen. Tarteletts bei 160° (Umluft 140°) weitere 25 Min. backen, bis der Belag fest ist.

Für das Beerenragout die Beeren verlesen, waschen und abtrocknen. Mit Zitronensaft und Ahornsirup mischen.

Tarteletts lauwarm abkühlen lassen. Das Zitronenschalenstück in feine Streifen schneiden. Torteletts aus den Förmchen lösen, mit Puderzucker leicht bestäuben, mit der Zitronenschale garnieren und mit dem Beerenragout anrichten. Lauwarm servieren.

Sachregister

Rezeptregister

REIHE: LUST AUF VEGETARISCH

für alle die sich gern verwöhnen lassen wollen

ISBN 3-7742-4182-1
96 Seiten

ISBN 3-7742-2776-4
96 Seiten

ISBN 3-7742-2817-5
96 Seiten

ISBN 3-7742-2986-4
96 Seiten

Eine der genußvollsten Arten, sich gesund und fit zu essen. Diese Reihe zeigt, wie fantastisch vegetarische Küche schmecken kann. Mit stimmungsvollen Fotos und vielen praktischen Tips in den Umschlag- Klappen.

WEITERE LIEFERBARE TITEL:

- Asien Vegetarisch
- Ayurveda Typgerecht Kochen
- Vegetarisches aus dem Backofen
- Korn & Co
- Vegetarische Mittelmeerküche
- Pizza, Pasta, Pomodore

G|U

Impressum

Abkürzungen:

TL	= Teelöffel (gestrichen)
EL	= Eßlöffel (gestrichen)
Msp.	= Messerspitze
ml	= Milliliter
Ø	= Durchmesser
E	= Eiweiß
F	= Fett
KH	= Kohlenhydrate
kcal	= Kilokalorien

Die Temperaturen bei Gasherden variieren von Hersteller zu Hersteller. Welche Stufe Ihres Herdes der jeweils angegebenen Temperatur entspricht, entnehmen Sie bitte der Gebrauchsanweisung.

Redaktion:
Ina Schröter
Lektorat:
Dipl. oec. troph.
Marlisa Szwillus
Layout und Gestaltung:
Claudia Fillmann,
independent,
Medien-Design
Herstellung:
Sabine Fieger
Fotos:
FoodPhotography Eising
Satz:
Easy Pic Library
Repro:
Fotolito Longo
Druck und Bindung:
Appl, Wemding

ISBN 3-7742-1129-9

Auflage: 4. 3. 2. 1.
Jahr: 02 01 00 99

Friedrich Bohlmann

Friedrich Bohlmann arbeitet als Ernährungswissenschaftler und Ernährungsberater, schreibt seit Jahren als Fachjournalist für große deutsche Zeitschriften und ist Ernährungsexperte in der täglichen Fernsehsendung »Leben und Wohnen«. Einige Ratgeberbücher tragen seinen Namen. Für seine Arbeit bekam er den Journalistenpreis der Deutschen Gesellschaft für Ernährung.

Susie M. und Pete A. Eising haben Studios in München und Kennebunkport, Maine (U.S.A.). Sie studierten an der Fachakademie für Photodesign in München, wo sie 1981 ihr eigenes Studio für Food Fotografie gründeten.
Für dieses Buch:
Fotografische Gestaltung:
Martina Görlach
Foodstyling:
Monika Schuster

Cornelia Schinharl

Sie studierte zuerst Sprachen, bevor sie sich dem Bereich Ernährung zuwandte. Nach der fundierten Ausbildung bei einer bekannten Food-Journalistin und einem Praktikum in einem Hamburger Verlag machte sie sich 1985 als Redakteurin und Autorin selbstständig. Ihre zahlreichen bei Gräfe und Unzer erschienenen Kochbücher erreichen inzwischen eine Gesamtauflage von über 1,3 Millionen Büchern. Ihr Schwerpunkt liegt heute auf der mediterranen Küche.

Ein Dankeschön für die Unterstützung bei der Fotoproduktion:
LSA (London), Mercantile (München), Izabel Lam (New York), IDC/Sompex (Meerbusch), Boss elitaire (Balingen), Flammant (B-Geraadsbergen), Perles d' Asie (F-Paris), WMF (Geislingen/Steige), ASA (Höhr-Grenzhausen), Habitat (Hamburg)